# कोरोना डायरी

रमेश चन्द्र द्विवेदी

Copyright © Ramesh Chandra Dwivedi 2022
All Rights Reserved.

ISBN 979-8-88733-044-0

This book has been published with all efforts taken to make the material error-free after the consent of the author. However, the author and the publisher do not assume and hereby disclaim any liability to any party for any loss, damage, or disruption caused by errors or omissions, whether such errors or omissions result from negligence, accident, or any other cause.

While every effort has been made to avoid any mistake or omission, this publication is being sold on the condition and understanding that neither the author nor the publishers or printers would be liable in any manner to any person by reason of any mistake or omission in this publication or for any action taken or omitted to be taken or advice rendered or accepted on the basis of this work. For any defect in printing or binding the publishers will be liable only to replace the defective copy by another copy of this work then available.

आसाम की कर्तव्य निष्ठ पुलिस को
सादर समर्पित

# प्राक्कथन

वर्तमान समय में सारी दुनिया कोरोना पैण्डमिक के आतंक से ग्रसित थी। कोरोना के कॉव कॉव में कमी आई है पर खतरा टला नहीं है। प्रत्यक्ष और अप्रत्यक्ष रूप में इस महामारी ने जीवन के हर क्षेत्र को प्रभावित किया है। निर्विवाद, वर्किंग क्लास के लोगों को इसका दुष्परिणाम ज्यादा भुगतना पड़ा है। पीड़ादायी है बड़ी संख्या में लोगों का मरना। न्यूनाधिक अभी भी हो रहा है। प्रशंसनीय हैं वे लोग जो कोविड की रोकथाम मे लगे हैं और इसके प्रसार की गति को शिथिल कर रहे हैं।

जिन दिनो कोरोना पंजे पसार रहा था, प्रधानमंत्री मंत्री श्री मोदी जी ने देश के साथ निरंतर संपर्क बनाये रखा। त्रासदी को सुअवसर में बदलने के लिए प्रेरित किया। उनके ब्रह्म वाक्य **"Turn crisis into opportunity"** को लोगों ने समझा।

शिक्षा घर से शुरू हुई। दफ़्तर के काम घर से होने लगे। बच्चों को माता-पिता के साथ रहने का अधिक समय मिला। कठिनाइयाँ थीं पर राष्ट्र धर्म का पालन देशवासियों ने किया। बहुत पहले, संभवतः साठ के दशक में एक पिक्चर इसी अपनी प्यारी दिल्ली में देखी थी, नाम था कोशिष। जया भादुड़ी जी का अभिनय यकीनन काबिले तारीफ़ था। पिक्चर समाप्ति पर एक वाक्य से रू ब रू हुए थे **...and Koshish continues..** इसी तरह इस पैण्डमिक के जड़ मूल उच्छेदन मे कोशिष जारी है।

कोरोना : बुखार, सूखी खांसी, थकान, गले में ख़राश, आंख का लाल हो जाना और न जाने क्या - क्या और क्या नहीं। कोरोना एक बला, एक बिमारी एक त्रासदी वह भी छोटी-मोटी नहीं।

कोरोना ने पहले मानव जाति को छकाया, फिर डराया धमकाया और अभी भी बंदरघुड़की देने से कहाँ बाज़ आ रहा है। नये - नये वैरिएंट आरहे हैं। संघर्ष है पर आतंक एक दिन बेअसर होगा ही। मानवजाति एकजुट होकर लड़ रही है।

लाकडाउन : याद है मार्च 2020 और 24 तारीख, उस दिन 21 दिनों के लिए लाकडाउन की घोषणा हुई थी। हर तरह के सामूहिक, सामाजिक, धार्मिक समारोह पूर्णतः प्रतिबंधित। समय के साथ - साथ कोरोना के खूनी पंजों के नाखून भी बढ़े और इतना बढ़े कि समाज में त्राहि माम् त्राहि माम् होने लगा। देश ने श्री मोदी जी के आग्रह का अनुपालन किया। इन दिनों कोविड 19 या कोरोना के आतंक मे कमी आई है। लाकडाउन मे ढील दी जाने लगी है पर मास्क, सेनिटेशन और दो गज़ की दूरी को जागरूक नागरिक भूले नहीं हैं। केंद्रीय स्वास्थ्य मंत्री श्री मनसुख मांडविया ने अभी हाल में कहा है कि कोविड कंट्रोल मे है लेकिन पूरी तरह से गया नहीं है। सरकार टीकाकरण अभियान को पूरी गति से चला रही है। कोरोना का नया वैरिएंट 'एक्सई' चर्चा में है और विशेषज्ञों का कहना है कि मास्क के उपयोग को बढ़ावा दिया जाना चाहिए।

क्वारंटाइन : संक्रामक रोग से ग्रसित व्यक्ति को एकांत में रखने के लिये किया हुआ प्रबंध है। मानव जाति के साथ-साथ, पशु पक्षियों के लिए भी क्वारंटीन किया जाता है। समुद्री जहाजों को भी इस प्रक्रिया से गुजरना पड़ता है। मारिशस जाते वक्त एयर इंडिया का विमान सेशेल्स में रुका था और स्मरण है पहली बार

क्वारंटाइन शब्द वहीं सुनने को मिला था। यह सत्तर के दशक की बात है। आजकल यह बहुश्रुत शब्द है।

लाकडाउन के प्रारंभिक दिनों मे एक आलेख के रूप में इस पुस्तक के प्रणयन का श्रीगणेश हुआ था पर, लेखन में गणेश गति नहीं। बहुत ही धीरे-धीरे यहाँ तक पहुचे हैं। आलमारी की साफ़ सफ़ाई मे पुरानी डायरी हाथ लग गई और वह भी संकलित हो गई। अन्यथा वह कबाड़ी ही ले जाता।

इस विपत्ति काल में भारतीय पुलिस का और विशेषत: आसाम पुलिस का संवेदनशील मानवीय स्वरूप निकट से देखने को मिला, जिसकी भूरि - भूरि प्रशंसा करता हूँ। जो है, जैसा है, यह पुस्तक, विशुद्ध स्वांत: सुखाय है। इत्यलम्।

इस पुस्तक की प्रकाशन प्रक्रिया में सहायता के लिए नवल कुमार को प्रशंसा एवं धन्यवाद।

आर ० सी ० द्विवेदी... श्री राम नवमी

(रमेश चन्द्र द्विवेदी) **10/04/2022**

1.  माँ कामाख्या से विदा लेकर **22 मार्च 2020**, प्रातः **6** बजे तिनसुकिया पहुंचे। तीन दिन बाद यहीं से दिल्ली जायेंगे। ट्रैन का ऐसा ही आरक्षण है। नींद पूरी नहीं हुई थी। एक कप चाय के साथ अलसाई आँखों को दुलारने लगे। साथ ही हेमंत की बाट जोहने लगे। हाँ स्टेशन की चाय जरूर ठीक ठाक लगी। तिनसुकिया से आत्ममीयता है। आना जाना लगा रहता है। यह अपर आसाम का व्यापारिक नगर है। गोहाटी जैसी यहाँ आपा-धापी नहीं है। गोहाटी आसाम का बड़ा व्यापारिक केंद्र हैं, हेमंत जी आए, मिलकर ख़ुशी हुई। शालीन व्यक्ति हैं। इनके अग्रज नारायणशास्त्री उनके मित्र हैं। इन्हीके आग्रह पर हेमंत से मिल रहे थे। हेमंत स्थानीय हैं, वह भी हैं तो जन्मना यहीं के पर, विधाता ने मातृभूमि से दूर-दूर ही रखा। हेमंत के साथ ज्योतिनगर आये, यहाँ की गौशाला प्रसिद्ध है। बादलो से आच्छादित आसमान, तितलियों का फूलो पर मंडराना और मंद -मंद वहता समीर उन्हें गुद-गुदाने लगे। हरा-भरा लान, बाउंड्री के किनारे -किनारे, कनेर के पीले फूलो की सुषमा ख़ुशी में चार चाँद लगा रहे थे। लान के एक किनारे सजा-धजा दूल्हे की तरह एक नौजवान ट्रक खड़ा था।

2.  दो व्यक्ति हरे चारे से लदी एक गाड़ी लाए। यह गायों का आहार है। इसी समय एक मोटर बाइक आकर रुकी। हेमंत से इन्हें मिलना था। बड़े प्रोफेशनल ढंग से, श्री धर्मगत शर्मा मिले जो यहाँ के मैनेजर हैं। बाईं ओर एक बड़ा बारामदा है, जहां तीनो ने प्रवेश किया। चाय आई स्टेशन और यहाँ की दोनों चाय ठीक थी पर, यहाँ वाली ने अपना रंग जमा दिया। इसका कारण उनकी मानसिकता रही होगी।

यहाँ सोफे पर बैठे भद्रमहिला के हाथों जो मिली।

बारामदे की साज-सज्जा दर्शक को आकर्षित कर रही थी। उन्हें तीन दिन और तीन रातें गुजारनी हैं। उन्हें पता है तीन चुटकियों की तरह छू मन्तर हो जाएगी। **25** को वे सवेरे वाली गाड़ी से चले जायेंगे। श्रीमान मैं यहाँ का मैनेजर हूं। आपसे मिलकर ख़ुशी हुई।आपके आगमन की जानकारी थी। आप थके होंगे, आपके कक्ष में चलते हैं। यह आपका **A.C** रूम, सटा हुआ वाशरूम और किचन है। बाहर की ओर खुलती हुई रेलिंग है। दक्षिणी और पश्चमी छोर पर एक-एक गोशाला है। पास मे वह देखिए, एक छोटा मिल्क बूथ है जहाँ सुबह शाम धारोष्ण दूध के लिए लोग पधारते हैं। आँखों के दायरे में हरा-भरा लॉन और एक खुबसूरत ट्रक भी है।

3. बेड टी जलपान और भोजन समय से आ जाया करेगा। किचन में सब कुछ है, आप सेल्फ सर्विस के लिए स्वतंत्र हैं, अन्यथा हमारी सेवाओं का आनंद लें। एक घंटी टुनटुना दिया करें। अटेंडेंट सेवा में उपस्थित मिलेगा। मैनेजर के जाते ही उन्होंने बैठे-बैठे अपने दोनों पैरों को आगे सरका दिया, रात भर की ट्रेन जर्नी के बाद आदमी आराम तलब हो ही जाता हैं। वह तो, कोइरी के देवता जैसे, बंद मुँह और खुली आँखों से इस नये जगह का अवलोकन कर रहे थे। हाँ मैनेजर शर्मा उन्हें हसमुख और व्यवहार कुशल लगे। इसी समय डिब्रूगढ़ से मैनेजर के मोबाइल पर फोन आया। परमहंस बाबा कालिदास उनसे मुखातिब थे। आप निश्चिंत बिराजें, मैं रात्रि नौ बजे आप से मिलूंगा। फ्लाइटअभी पहुंची है। आपको असुविधा नहीं होने देंगे।

रात्रि का प्रथम प्रहर और लॉकडाउन की सुगबुगाहट, यह २३ मार्च की बात हैं। इसी समय पण्डित सीताराम देवकोटा सपत्नीक भोजन लिए पधारे। दोनों सुदर्शन। पर्याप्त भोजन, सुन्दर और स्वादिष्ट पर, लाक डाउन ने मजा किरकिरा कर दिया, ऐसा लगा जैसे प्रथम ग्रासे मक्षिका पात:। जीवन शैली प्रभावित होने लगी। मास्क, सोशल डिस्टैंसिंग और सैनिटाइजर अनिवार्य कर दिए गए। धत्त तेरी की यह भी कोई जिंदगी है। देवकोटा दंपत्ति सुरूचिपूर्ण लगे।

4. मेन गेट से सटे कई आशियाने हैं। मिडिल और लोअर मिडिल क्लास के लोग रहते हैं। इधर मेन गेट उधर मकान बीच में सड़क। यहाँ आते ही पहला कदम सड़क के खुरदरे गालों को चूमने लगता है। यह टाउन एरिया की सड़क है, रफ एंड टफ। कोई असावधान गिर पड़े तो, सड़क का क्या दोष। इन दिनों सड़क पर सन्नाटा है। खामोशी ऐसी की हवाओं का सांय-सांय, गले का फांस बनने लगा है। हवाओं में चिड़ियों का दस्ता मन मोहक है। लान में छोटी-छोटी चिड़ियों की उछल कूद अच्छी है इनकी आवाज मन को गुदगुदाने में सक्षम है। लॉकडाउन में आम आदमी की जिंदगी आवारा कुत्तों से भी बदतर हो गई है। दोपाये, दरों में दुबके हैं, चौपाये बेखौफ कायदा कानून की धज्जियां उड़ा रहे हैं। भूखे ये भी हैं।

एक दिन शाम के झुटपटे में कुछ लापरवाह राही, पुलिस के हत्थे चढ़ गए फिर क्या था, दे लाठी पर लाठी, डंडे पर डंडा। इनकी हड्डी पसली की सारी जटिल समस्याओं को पुलिस की ठुकाई ने दुरुस्त कर दिया। इसमें गलत कुछ भी नहीं है, जो नियम तोड़ते हैं उन्हें पुलिस तोड़ती है। यहाँ का प्रशासन काबिलेतारीफ है।पुलिस का डंडा टिंचरआयोडीन

का काम करता है। जरूरतमंदों की मदद में असम पुलिस किसी फरिश्ते से कम नहीं। मैनेजर ने संपूर्ण परिसर दिखाया दोनों गौशालाएं दिखाईं। दो किशोर बछड़े कान उठाए उन्हें देख रहे थे। गायें विश्रामस्थ थीं। गर्मी थी पर हस्बे मामूल। दर्जनों सीलिंग पंखे चकरीधन्नी बने हुए थे।

5. अब इस दूल्हे राजा की बात कर लेते हैं। यह एक कम उम्र का सजा धजा ट्रक है किसी खट्टी मीठी इमली की तरह यह भी अच्छे बुरे का घालमेल है, देखने में सुंदर है पर, पर अफ़सोस दिल गड्ढे में वाली बात है। इनसे गोवंश की तस्करी कराते हैं। तस्करी एक रैकेट है, जिसे भारत और बांग्लादेश के रैकेटियर अंजाम देते हैं। पुलिस ने इन्हें एक दिन पकड़ लिया।ड्राइवर साहब फरार हो गए पर ट्रक महाशय गोवंश समेत गिरफ्त में आगए।कोर्ट के आदेश ये मैनेजर शर्मा की देखरेख में हैं।बेचारे ट्रक महाशय उहा -पोह की स्थिति में है। हवाबाजी बंद है। अब इन्हें बांग्लादेश के कसाई घर की परिक्रमा नहीं करनी पड़ रही है। तस्करी के कलंक से मुक्त है। इनकी सारी गतिविधियां बंद है। कुछ ऐसा ही है जैसे किसी नौजवान पहलवान को अखाड़े से बाहर का रास्ता दिखा दिया जाए दंड बैठक जोर आजमाइश प्रतिबंधित कर दिया जाए। वह नौजवान पहलवान क्रमशः दुर्बल हो जाएगा। अंततः घुट-घुट कर पंचतत्व में विलीन भी होगा। आजकल ट्रक महाशय दुखी हैं और उन्हें सहानुभूति है। पड़ोस की बस्ती फ्रॉम हैंड टू माउथ है। अर्धशिक्षित अंगूठा छाप और निरक्षर भट्टाचार्य की बस्ती है। दैनिक मजदूर हैं, बच्चों में पठन पाठन की रूचि का अभाव है। ड्रॉपआउट्स भी हैं।

6. बात 1959 की हैं उन दिनों इलाहाबाद में एक फ़िल्मी गाना बहुत सुनने को मिलता था,

"चूल्हा है ठंडा पड़ा और पेट में आग है,

गरमागरम रोटियां कैसा हंसी ख्याब है

सूरज जरा आ पास आ ......

आज तुझको भी दावत खिलाएंगे हम.....".

कोरोना ने इस गाने के साथ-साथ इलाहाबाद के अल्लापुर के लेबर चौराहे की याद दिला दी। हिंदुस्तान के हर छोटे-बड़े शहर में किसी न किसी नाम से लेबर चौराहे मिलेंगे। दिल्ली में अनेक हैं। इस चौराहों पर मजदूर अपने भाग्य की इबारत लिखते हैं। इस समय तिनसुकिया में बरसात हो रही है, धीरे-धीरे, ठीक वैसे ही जैसे उनकी कलम धीरे धीरे चल रही हैं। वैसे भी उनकी कलम में गनेशगति भला थी कहां। बरसात गगन की दरियादिली है। रुक-रुक कर होती है तो लगता है कि नई दुल्हन नये घर में नपे-तुले कदमो से गृह प्रवेश कर रही हैं। रिमझिम बरसात, फौजी भाइयों की मध्यम गति से होने वाली कदमताल सदृष है। आसाम में बरसात एक सामान्य बात है। एक झटके के साथ आई और दूसरे झटके के साथ चली भी गई। आगंतुक के लिए यह एक कुतूहल है। जब मूसलाधार होती है तो प्रतीत होता है कि बादल, अपने किसी विशालकाय टैंक को खाली कर रहा है। बरसात, हरियाली और आसाम तीनो सहचर है जैसे सुबह, दुपहरी और शाम।बाढ की बात व्यर्थ है। बाढ़ एक आपदा है। आसमान का भृकुटि विलास नहीं, नदियों की बौखलाहट है।

7. काली दास के मेघ खूब भटके हैं, कभी तेज, कभी मंथर गति से तो कभी अल्हड़ स्वभाव में। पाठक मेघ से तादात्म्य स्थापित कर लेता है। हरिवंश राय बच्चन कहते हैं, मेघ मैं जिस काल पढ़ता बन स्वयम् ही मेघ जाता। भागदौड़ वाले दिन थे। जामा मस्जिद की तंग गलियों से गुजरते हुए गली चूड़ी वालान जाना, जनाब स्वरूप चंद अरोरा की बेटी को ट्यूशन पढ़ाना फिर, वापस छह 10 किलोमीटर साइकिल से घर आना, पेट पूजा करके निढाल सो जाना एक जीवट का काम है। ऐसी जटिल दिनचर्या का साथ निभाया है। पुरानी दिल्ली रेलवे स्टेशन और एक ज्योतिषीनुमा सरदार जी लोगों का भविष्य बताते थे, इससे कुछ ना कुछ उनकी भी किस्मत चमकती थी। 1 दिन विनोदवश उनसे किस्मत बताने को कहा फिर क्या था उन्होंने बताना शुरू किया। एक काले धागे के चार टुकड़े करके उन्होंने उनकी मुट्ठी में बंद कर दिया और कुछ मंत्र जैसा पढ़कर मुट्ठी खोलने को कहा मुट्ठी खोलने पर चार की जगह एक लंबा वही काला धागा मिला यह आश्चर्य था।

सरदार जी ने बताना शुरू किया आप अपने पिता के प्रिय पुत्र हैं। खूब कमाएंगे 10-20 को खिलाकर खुश होने वाले बनेंगे। एक नई नौकरी आपका इंतजार कर रही है। किस्मत बुलंद होगी दुनिया का चप्पा चप्पा कदमों के नीचे और आंखों के सामने होगा लोग आपको अपनी आंखों में बसाएंगे और दिल में बिठाएंगे।

दिल्ली छूटेगी पर आपको बुलाएगी भी। भोजन में दो बार जहर देकर आप को मारने की कोशिश होगी पर धर्मात्मा मां-बाप के पुण्य से बच जाएंगे जिन्हें अपना समझते हो उनसे सावधान रहना।

कालांतर में उनकी बातें सत्य साबित हुई उल्लेखनीय बात यह है कि यही सरदार जी उन्हें न्यूयॉर्क के पार्क स्ट्रीट सबवे पर मिल गए न्यूयॉर्क की रेल सबवे नाम से जानी जाती है।

सरदार जी की जिजीविषा को सलाम यहां भी वह लोगों की किस्मत बता रहे थे। न्यूयॉर्क में ही एक और भारतीय सज्जन मिले, दर्जनों बंद लिफाफे, पीतल के चमकते पिंजरे में बंद नुकीली लाल चोंच वाले हरित काय सुखदेव जी के साथ $2 दीजिए और शुकदेव जी से एक बंद लिफाफा ग्रहण कीजिए। खुद ही खोलिए और अपनी किस्मत बांचिये। जिंदगी कितनी हसीन, खुशनुमा या गमजदा है। आश्चर्य है यह भारतीय कुटीर उद्योग यहां पहुंचा तो कैसे संभवत जवाब हो सकता है "जुगाड़ जिंदाबाद"

कोरोना के दंश ने रोज कमाने, खाने वालो की नाक में दम कर रखा है। कुआँ खोदकर पानी पीने वालों का गला सूख रहा है। अपने गालों को फुलाकर बच्चों को गुबारा बेचने वाला लापता है। गलियों में बच्चे अदृश्य हैं। उन्हें आकर्षित करके बांसुरी बेचने वाले भी अदृश्य हैं।

आज सभी कुंठित है और तो और रिक्शा तांगा बैलगाड़ी और गधों पर माल ढोने वाले सभी औंधेमुंह गिरे पड़े हैं।

कोरोना कहर बनकर मजदूरों को तड़पा रहा है। तिनसुकिया से यादें दिल्ली को और मुड़ने लगी हैं। दिल्ली में उनकी कॉलोनी में चौराहे के पास नीम का वृक्ष है। काली मंदिर और नीम पड़ोसी हैं। यही टुन-टुन मियां की फोटो शॉप है। शॉप की दीवाल को टेक बनाकर मुंशीराम, लॉक स्मिथ अपना कारोबार चलाते हैं।

जो दूसरे का बंद ताला खोलते थे आज उनकी किस्मत पर ताला जड़ गया है। छोटे बिगड़ैल ताले तो उनके फर्स्ट ऐड से ही ठीक हो जाते हैं, कुछ को पीटकर काबू में लाते हैं। ज्यादा जिद्दी तालों की हठधर्मी छुड़ाना भी जानते हैं। कभी-कभी तो इतने बिगड़े हुए मरीज ताले आते हैं कि उनकी सर्जरी भी करनी पड़ती है। पेट चीरते हैं फिर बीमारी ढूंढते हैं। तालों में लिवर होते हैं और लीवर अपनी जगह से हटते ही उदंड हो जाते हैं। मुंशी राम जी को इनकी शल्य चिकित्सा करनी पड़ती है। साफ सफाई करके, पेट बंद करके अच्छी तरह टांका लगा कर पेट को चुस्त-दुरुस्त करके उसे नई चाबी के साथ नूतन जीवन की सौगात देते हैं। नए ताले की लॉन्ग लाइफ की शुभकामना देना नहीं भूलते मुंशीराम की लोकप्रियता का आलम यह है कि प्राइवेट लॉकर्स, सरकारी दफ्तर, बैंकर्स, ज्वेलर्स सेठ, महाजन, सभी को अपॉइंटमेंट लेना पड़ता है, इन्हें कार से अप डाउन कराते है। लोग खुश होकर कर मुंह मांगी रकम देते हैं। जिस दीवाल की टेक मुंशीराम बैठा करते थे वह दीवाल तो आज भी जस की तस है पर वह गहमागहमी अब नहीं है। अब यह जगह किसी सुहागिन की उजड़ी मांग की तरह स्तब्ध है। इसी तरह स्मृतियाँ उन्हें भटका रहीं हैं। समय क्या है, एक फिसलन भरी पगडंडी है, तिलमिलाये तो लुढ़कने में देर कहाँ लगती है। परमात्मा के विविध रूपों का एक रूप समय भी है। उनकी यादों में अतीत की कॉम्पैक्ट दिनचर्या लौटने लगी है। साईकिल से दफ्तर जाना, वह भी शेरों में शेर बब्बर शेर दिल्ली शहर में। पता नहीं कब किस गली से उछलती-कूदती कोई गेंद या साईकिल आ टकराए। अपने को और सबको बचाते हुए पैडिल चलाना हैं। सावधान ! समय से

दफ्तर भी पहुंचना है। सरकारी दफ्तर निर्माण भवन फ़ोर्थ फ्लोर। यहीं वे एड्मिनसेक्शन में हुआ करते थे। ड्यूटी इबादत है और वेतन भगवान का चरणामृत। एक आदमी को जितना चाहिए हर हाल में भगवान देता है। सरकारी दफ्तरों में बाबुओं का सीधा साधा फॉर्मूला है "टरकोलॉज़ी" अर्थात काम को लटकाए रखना। इससे काम में शिथिलता होती है पर बाबुओं की नीरस जिंदगी कुछ हद तक सरस भी होती है।

"अफसर करे ना अफसरी मंत्री करे न वर्क, दास मलूका कह गए सब कुछ करता क्लर्क"। न्यूयॉर्क के जैकब जैवित सेंटर में मुरारी बापू का कार्यक्रम चल रहा था, अचानक उनके कंधे पर किसी ने हाथ रख कर पूछा आप आर सी द्विवेदी तो नहीं हैं, जी मैं ही हूं यह कहते हुए उनके दोनों हाथ भी जुड़े हुए थे यह थे श्री प्रकाश नारायण **L & DO** के सर्वोच्च अधिकारी थे पुरानी घटनाएं रह-रहकर आंखों के सामने आने लगी हैं। इस प्रलय काल में स्मृतियां हवा का एक झोंका है। साउथ एवेन्यू से साइकिल चलाते, उट पटांग गाना गाते पुरानी दिल्ली रेलवे स्टेशन जाना, धक्का-मुक्की करते टिकट लेना, कभी इत्मीनान से कभी चलती हुई ट्रेन पर भागते हुए सवार होना और एम एम एच कॉलेज गाजियाबाद से निरर्थक पढ़ाई द्वारा जिंदगी को सार्थकता प्रदान करने का दंभ, पुराने कपड़ों को कोई वार्डरोब से निकाल कर धूप में रखने जैसा है।

क्लासरूम स्टडी एक औपचारिकता है। सच्ची पढ़ाई तो स्वाध्याय है। एजुकेशन एक खुशगवार सफर है। स्वाध्याय जीवन का प्रारब्ध है। स्कूली पढ़ाई नौकरी दिलाती है, जिस कोटि की नौकरी उसी कोटि की मानसिकता। स्वाध्यायी

व्यक्ति का जीवन उन्मुक्त होगा। स्वाध्यायी का प्रकृति और परमात्मा से संबंध रहता है। स्वाध्यायी कुछ ना कुछ निरंतर पढ़ता रहता है। उसे जानकारी को अपडेट करना पड़ता है। जिसे नौकरी मिल गई उसकी पढ़ाई पूरी हो गई। नौकरी मिलते ही जीवन सफल। स्वाध्यायी व्यक्ति अपनी पढ़ाई की मशाल जलाए रखता है। स्वाध्यायी के लिए सफलता और असफलता एक पड़ाव है, डेस्टिनेशन नहीं।

8. बैल वाले बाबा औघड़दानी हैं, आशुतोष है, सत्यम, शिवम, सुन्दरम हैं। समस्त ऐश्वर्य और विभूतियों के दाता हैं। इनका बैल करिश्माई है। प्रश्न आपका, उत्तर नन्दी का। कोरोना का कहर इन पर भी टूटा है।

बंदर और बन्दरियों का खेल दिखाने वालों का कारोबार ठप्प है। सभी का दाना-पानी बंद है। चारों खाने चित्त हैं। गरीब के पास न खाने को रोटी है न पीने को बीड़ी।

कोरोना उत्तर दिशा से आया है। जनश्रुति है कि किसी धँसी हुई आँख वाले शैतान के कारखाने की बला है। लगता है गंगा उलटी बहने लगी है अन्यथा उत्तर दिशा तो शांति का प्रतीक है। हमारा हिमालय उत्तर में ही तो हैं,"अस्तुत्तरस्यां दिशि देवतात्मा हिमालयो नाम नगाधिराजः।"

मोबाइल महाशय ने उनकी दूसरी बड़ी मामीजी की मृत्यु की दुःखद सूचना दी हैं। ये स्वर्गीय बड़े मामाजी की दूसरी धर्म पत्नी थी। पहली तो बिल्थरारोड स्टेशन पर ही बनारस ले जाते वक्त दम तोड़ चुकी थीं।

स्वर्गीय बड़े मामाजी पुरुषार्थ की पाठशाला के सफलतम छात्र थे। गणित शिक्षक थे पर अन्य विषयों की भी अच्छी जानकारी थी।

अपनी साईकिल से इन्हे बेपनाह अंतरंगता थी। इनकी साईकिल, ऊपर उड़ने वाले हवाई जहाज से प्रतिस्पर्धा रखती थी। इतनी अंतरंगता, इतना अपनापन, शायद राईट ब्रदर्स को अपने हवाई जहाज से भी न रहा हो।

स्व. मामाजी का क्रोध भी अद्वितीय था। उनका क्रोध, सुलगने को आतुर एक माचिस की तीली था, जो सुलगने जलने और जलाने की जगह ढूंढ ही लेता था। कोई बुझी चिंगारी कहीं सिसक रही होगी, मामाजी के चरणस्पर्श से जीवंत हो उठती। उनके पुण्य प्रताप से मृतक चिंगारी जी उठती, जैसे फीनिक्स पक्षी पूर्णतः मर जाने के बाद ठंडी राख में से पुनः प्राणवान हो उठता हैं।

धोती-कुर्ता, गाँधी टोपी, चमचमाती बाइसकिल और बुलंद आवाज उनके व्यक्तित्व की एक बानगी है। संवेदनशील, मामाजी अगर क्रोध नहीं करते तो वशिष्ठवत थे। अनेक लोगो की उन्होंने मदद की है। आज भी उनकी कृपा से कई घरों में चूल्हा जल रहा हैं। मदद के एवज में उन्होंने किसी से एक फूटी कौड़ी तक नहीं ली। वह जिधर निकलते लोग हाथ जोड़े कृतज्ञतापूर्वक मिलते।

पहली बड़ी मामाजी जी को कभी भी गुस्सा होते, उत्तेजित होते नहीं देखा गया। उनका रेखाचित्र बनाना सरल हैं। सामान्य कदकाठी, सुन्दर मुखाकृति, नाक से हरदम झूलती छोटी सोने की नोज़रिंग, मितभाषी, मृदुभाषी, गौरवर्ण, एक सजीव देवी की प्रतिमा।

ज़ोर से हंसना उनके स्वभाव में नहीं था, परम्परागत रीति-रिवाजों के प्रति आग्रह उनके वैषणव संस्कारो को परिभाषित करता है।

घर में कोई अपार धन सम्पदा नहीं थी पर कमी भी नहीं थी। कोई याचक उनके दरवाजे से खाली हाथ नहीं जा सकता था।

उनका बचपन इन्ही पहली मामीजी के साथ बीता है। वह ममतामयी माँ थी। आज आँखे अकारण नम नही हैं। हृदय उनके लिए चीत्कार रहा है। ऐसा लग रहा हैं जैसे कैसाबियांका वाली कविता पढ़ रहे हैं। एक बच्चा जहाज के डेक पर बेचैन होकर अपने पिता को पुकार रहा है **The boy stood on the deck. His leg fell off and floated down the river ...**

वह जैसे जलते हुए कोरोना के जहाजी डेक पर बेचैन खड़े होकर पुकार रहे है, ऐ मेरी ममतामयी मामी माँ, कहाँ हो?

पुरुषार्थी मामाजी की मामीजी के प्रति क्रूरता जगजाहिर है। तंग आकर एक दिन वह घर छोड़कर चली गईं। उस दिन वह उनसे लिपटकर खूब रोई थीं पर, उन्हें क्या पता था कि मामीजी दुःखी होकर घर से जाने वाली हैं।

संध्या हुई, मामा श्री साईकिल की घंटी टुनटुनाते पधारे। आते ही गुर्राए, कहां मर गई, मेरा पैर कौन धोएगा। मामीजी को नियमतः उनका जूता खोलना, पैर धोना फिर उसे सूखी तौलिया से पोंछना पड़ता था। आज सेवा अनुपलब्ध थी। मामाजी का क्रोध, शिखर पर था। बडबडाते हुए जनानखाने में दाखिल हुए पर गृहलक्ष्मी से आँखे चार न हो सकीं, वे भला थी कहाँ। बाहर आकर पूछा, बाबू आपकी मामीजी कहाँ हैं ? वह क्या बताते, ढूंढ़ने लगे, मामीजी नहीं मिलीं तो रोने लगे। अब मामाजी किससे

पूछते एक छोटे भाई थे पर इस समय वह इलाहाबाद में थे।

घर में उनके वयोवृद्ध पिताजी तो थे पर वह उनसे किस मुँह से पूछते। पिता-पुत्र में आपस में वार्ता न करने का समझौता था। साल, 6 महीने में अगर इमरजेंसी आ खड़ी होती तो अपनी-अपनी मुण्डियों को ऊपर -नीचें, दायें-बायें घुमाकर काम चला लेते। जबान पर लगाम लगाए रखते। लगभग चार दिन बाद पता चला कि वह अपने पिता के घर पहुँच गई हैं। अब उन्हें वापस लाना टेढी खीर थी। वह उन्हें साथ लेकर पिता जी के शरणगत हुए। सारी बातें बताईं। उन्होंने पहले अपने पुत्र से पूछा तुम्हारी मामीजी क्यों गई ? तुमने रोका क्यों नहीं।

उनके ससुराल वालों से पिताजी कुछ पूछना जांचना नहीं चाहते थे। वह जानते थे कि उनकी बात की क़द्र होगी पर मामाजी पुनः दुर्व्यवहार नहीं करंगे इस बात की गारंटी वह नहीं लेना चाहते थे। मामाजी लगभग सीजियोफ्रेनिक थे। क्रोध पर उनका नियंत्रण नहीं था। मामाजी के लाख नाक रगड़ने पर भी वह तैयार नहीं थे।

माँ ने कहा, आप वहाँ न जायँ वे लोग स्वाभिमानी हैं।

पं. चंडी प्रसाद तिवारी आपका सम्मान तो करेंगे पर नहीं भेजेंगे। हाँ वापस लाने का एक तरीका है, इससे आपकी प्रतिष्ठा अक्षुण्ण रहेगी और वह चली आएगी। आप साथ अपने पुत्र को लेकर जायें। यह छोटा लड़का अपनी बड़ी मामी को खींच लाएगा। दोनों मिलकर बतियाएँगे और वह रोएगी जरूर। उसके रोते ही परिदृश्य बदल जायेगा। आपको ज्यादा निगोशिएट नहीं करना पड़ेगा। ननिहाल में अपनी मामी के बिना पल भर भी नहीं रह सकता। वह भी इस

पर जान छिड़कती है। भैने-ब्राह्मण को कौन नहीं मानता और उस घर मे तो इसकी पूजा होती है। पिताजी मुश्किल से तैयार हुए। लगभग 20 दिनों बाद पिताजी अपने पुत्र के साथ मामी जी के गाँव पहुंचे। मामाजी भी साथ थे। इस ड्रामा के नायक, महानायक या खलनायक तो वही थे। वहां पहुंचते ही एक महिला, बच्चे को उठा ले गई। मामी जी ने उस बच्चे को गोद में लेकर काफी बातें की जो बच्चे के समझ से बाहर थी, थोड़ी बहुत सिसकियां भरीं।

बच्चे ने भगवान को न तब देखा था न अब। उस दिन उसके पिताजी वहां भगवान सदृष ही पूजित हुए। सभी उनके चरणों में नत थे।

भीड़ हटने के बाद बारामदे में मामीजीआईं और पिताजी का पैर पकड़ कर रोने लगी। उन्होंने मामाजी के पदप्रहार और शब्दालंकारों को बताना शुरू किया।

9. पिता जी ने मामा जी सै पूछा, "मानवोचित सदव्यवहार के लिए वचनवद्ध हो तो इन्हे ससम्मान विदा कराने के लिए वह आग्रह करें"। अपनी गलतियों के लिए उन्होंने खेद प्रकट किया। उधर मामीजी रो-रो कह रही थीं कि यह हत्यारा मेरी हत्या करके ही दम लेगा। अंततः उनकी विदाई हुई पर, मामाश्री, **old habits die hard** की मनः स्थिती से उबार नहीं पाए। एक दिन वह भी आया जब वह अपने पति परमेश्वर की क्रोधाग्नि में स्वाहा हो गई।

आज जिनकी मृत्यु की सूचना मोबाइल महाशय ने दी है वह मामाजी की दूसरी व्याहता है। इन्हे भी **old order changeth yielding place to new** फार्मूला के तहत बड़ी मामी होने का रूतबा प्राप्त हैं। किस्सा कोताह यह है

कि बड़े मामाजी और दोनों बड़ी मामीजी परलोक गमन कर चुके हैं। जाने को तो छोटे मामाजी भी जा चुके है पर उनकी धर्मपत्नी अभी हैं। छोटे मामाजी और उनकी धर्मपत्नी सर्वतोभावेन आदर्श दम्पति कहलाने योग्य है। बड़े मामाजी, लाख क्रोधित होते पर छोटे मामा जी शांत रहते। बड़े मामाजी अपने छोटे भाई को हृदय से मानते पर अपने क्रोध पर विजय पाना उनके वश की बात नहीं थी।

10. पहली बड़ी मामीजी कष्ट के साथ दुनिया से विदा हुई थीं। उनके पेट में भयंकर पीड़ा होने लगी थी। वाराणसी ले जा रहे थे पर, बिल्थरारोड स्टेशन पर ही उन्होंने दम तोड़ दिया। मरते समय कराहते हुए उन्होंने तीन बार रमेश बाबू कहां हो बाबू, मामी मर रही है कहते हुए प्राण त्यागा था। यह बात सर्वप्रथम उनके पिताजी ने बताई थी। कुछ समय पश्चात् उनके नानाजी ने बताया था कि बाबू तुम्हारी मामी तुम्हें याद करते हुए मरी है। अंत में उनके मामा जी ने भी इसको उद्घाटित किया था। बाबू, आपकी मामी, शरीर छोड़ते समय आपको याद कर रही थीं। अंतिम बार कहाँ हो रमेश बाबू कहते ही उनकी आँख पलट गई थी। पिताजी उदास थे, नानाजी दुःखी थे पर मामा जी पर कोई प्रतिक्रिया नहीं थी। वह तो ठस्स के ठस्स ही बने रहे। माता जी ने कहा था कि मेरा बेटा धर्मत्मा है। इसका नाम तो बहाना मात्र है। वास्तव में वह राम का नाम लेकर ही मरी है। राम-राम कहना था और उसके मुँह से तीन बार रमेश कहा गया। राम और रमेश तो एक ही हैं। इसकी मामी की जरूर सदगति हुई होगी, रमेश भी राम ही है, "घी का लड्डू टेढ़ो भला।

11. मामाजी पर क्या बीतती होगी जब वह अपनी पहली धर्मपत्नी को याद करते होंगे। वह उनसे पैर धुलवाते और जब अपना आपा खो बैठते तो उसी पैर से उन पर प्रहार भी करते। मामी जी के सामने वह एक भयानक भालू थे। अगर वह अक्रोधी होते तो दुनिया के श्रेष्ठ पति, श्रेष्ठ नागरिक और श्रेष्ठ शिक्षक की कोटि में होते। मामा श्री वह मोर पक्षी थे जो, सर्वांग सुन्दर होकर भी अपने पैरो को देखकर दुःखित हो उठता है। हो सकता है यदा-कदा एकांकित क्षणों में वह भी अपने क्रोध को कोसते हों। मामा जी अपनी थाली भी भूखे को देने में देर नहीं लगाते थे।

दूसरी पत्नी आते ही वह बदल गये। नई दुल्हन ने उन्हें अपना प्रिय पालतू पिल्ला बना दिया।

प्रतिवर्ष दिवंगता प्रथम बड़ी मामी जी मिट्टी के दो घड़ों में मई-जून के महीनों में अँचार भेजती थीं। एक में आम और दूसरे में लाल बड़ी मिर्च का अँचार होता। यह उनका शौक था। तकिये के खोल पर फूलपत्ती काढतीं तो लगता कोई किताबी कीड़ा आँख झुका कर अपना पाठ पढ़ रहा हैं। उनके हाथो बनी और खाई हुयी सेवइयां भूलना कृतघ्नता होगी। उनेक घर का आँगन वह खुशनुमा जगह थी जहाँ वह निरंतर व्यस्त रहतीं। उनके मरने के साथ ही उनकी इस मैन्युफैक्चरिंग यूनिट का भी अवसान हो गया।

भोजन बनाने और खिलाने में दूसरी बड़ी मामी जी जो अभी-अभी मरी हैं, बेमिसाल थीं पर, कुछ अंतर था तो ओरिजिनल और डुप्लीकेट वाला। माता और विमाता में क्या अंतर है ? सही मायनों में कुछ भी नहीं। सौतेली माँ अपना कलेजा काटकर भी खिला दे तब भी उचित सम्मान

नहीं ही पाती। वह करे भी तो क्या, उसके माथे पर विमाता का स्टिग्मा जो लगा है। उनका बचपन तो ओरिजिनल मामीजी का ऋणी है। मोबाइल महाशय ने जो सूचना दी, उससे व्यथित हुए। खूब रोये पर, ओरिजिनल मामीजी के लिए ही। इनके लिए भी रोए। डुप्लीकेट मामीजी के लिए आंसू आये भी तो कमबख्त दो चार बूंद ही जैसे निचुड़े हुए नीबू की जोर लगाने के बाद वाली दो-चार बूंदे मात्र। दोनों मामियां पूज्य हैं। दोनों मातृवत् हैं, दोनों की मृत्यु में काशी का पेंच फंसा हुआ है। पहली ने काशी के रास्ते में स्टेशन पर दम तोड़ा दूसरी काशी पहुँच कर बंधन मुक्त हुई हैं। "काशी' मरणान मुक्ति:' दोनों की स्मृतियों को प्रणाम।

छोटी मामीजी हैं और उनकी देखभाल उनके बच्चे मनोयोग से करते है। छोटे मामाजी और मामीजी आदर्श हैं। **they had perfect compatibility**। हाँ एक बात अवश्य है, वह यह कि छोटी मामीजी को भी बड़े मामाजी के क्रोध का चरणामृत मिल चुका है। उन्होंने नयी दुलहन के रूप में गृह प्रवेश किया था। उस दिन चने की दाल उन्होंने बनाई थी। दाल कुछ गाढ़ी बन गई थी। भोजन करते समय मामाजी को इससे कुछ असुविधा हुई थी। जाहिर सी बात है कयामत आनी थी और कयामत सुपरलेटिव डिग्री के साथ आई। उन्होंने पहले सिसकियां भरीं, फिर रोईं, कुछ अधीर हुईं। घर में कोई था भी नहीं जो उन्हें ढाढ़स बँधाता। रात्रि में वह बिना कुछ खाये-पिये चुपचाप पतली गली से रुखसत हो गईं। अपने पैतृक निवास पहुंचीं।

संयुक्त परिवार देखने में मजबूत स्ट्रक्चर जरूर है पर अंदर से खोखला भी है। अगर भावनाओं की क़द्र करने वाले हों

तो, लाभ अनंत हैं। एक भी कड़ी कमजोर निकली तो इस ढांचे को ढहने में देर नहीं लगती।

छोटे मामाजी की बेचारगी थी। नानाजी का परिस्तितियों पर कुछ वश नहीं था। कोई रहे या जाय इससे बड़े मामाजी को क्या। यह कोई अच्छा एपिसोड नहीं हैं पर श्रीमान मोबाइल महाशय ने कोरोना कालखण्ड में कई गड़ेमुर्दे उखाड़ बाहर किये हैं।

बड़े मामाजी ने पुराने घर को रेनोवेट कराने में कोई कोर कसर नहीं छोड़ी। साथ में अपना भी कायाकल्प किया। दाढ़ी-मूछ की सर्जरी कराई। उनकी कॉस्मेटिक सर्जरी के सर्जन श्री राम कुमार नाई हुआ करते थे। वह उन्हें हँसाता रहता और मामाश्री मन ही मन खुशियों के हवाई गुब्बारे उड़ाते रहते। उन्हें शीघ्र ही नयी दुल्हन को लाना था। उनके जैसे ठस्स और निस्पृह व्यक्ति को हंसाने का श्रेय राम अवतार नाई को देना युक्ति-युक्त है। वह खूब चटकारे लेकर उनकी हजामत बनाता और वह मन मोदक चखते रहते। एक दिन वह उनके बगल के बालों पर अस्तूरा चला रहा था, मामाश्री को छींक आ गई। बैलेंस बिगड़ा कट लग गई, रक्तप्रवाह होने लगा। कई दिनों तक वह इस दर्द के गिरफ्त में रहे।

घर को डिसेंट लुक देने के चक्कर में वह पहली पत्नी के कतिपय सामानो को बाहर का रास्ता दिखा रहे थे। उनकी मामीजी, स्नान के बाद, अपने पैरों की उंगलियों को आलता से रंग कर, सिर को कायदे से ढंक कर और दोनों हाथों को जोड़े हुए पूजा गृह में प्रवेश करती थीं। वह दो मिनट ही पूजा में लगातीं। वह भगवान को ठाकुर जी

कहतीं। वह प्रायः कहा करतीं "आदमी के कइला से कुछ ना होई, उहे होई जवन ठाकुर जी के मनवा में होई।" यह तो हुई मामी श्री की भोजपुरी, हिंदी में इसे इस तरह समझेंगे "जो ईश्वर चाहेगा वही होगा" पर अंग्रेजी में **'Man proposes God disposes'** कहें तो बिलकुल ठीक। उन्हें कभी धूप या अगरबत्ती जलाते नहीं देखा गया। बस ठाकुर जी को सिर झुककर प्रणाम करना मात्र पूजा होतीं।

नानाजी के लिए वह अवश्य धूप दानी में धूप का प्रबंध करतीं। नानाजी, पूजा में अच्छा समय बिताते। राम चरित मानस का पाठ और भगवान विष्णु को धूप-दीप दिखाकर आरती करते। उनके लिए जब भी कोई धोती आती उसे हल्दी लगाकर पहले ठाकुर जी को चढ़ाकर तब धारण करते। पूजा और भोजन के समय वह कभी भी कटि के ऊपर कोई वस्त्र धारण नहीं करते थे।

12. घर से कोस भर दूर, सोनाडीह, प्राइमरी स्कूल में **30** वर्ष तक उन्होंने हेडमास्टरी की। हिन्दी का ज्ञान था और उर्दू भी अच्छी जानते थे। जब भी कहते मदरसा ही कहते। स्कूल या विद्यालय उनके लिए बाहरी शब्द था। उनकी लिखावट सुंदर थी और वह धीरे-धीरे बोलते हुए पुस्तक पढ़ते। मुंशी प्रेमचंद की लगभग सभी पुस्तकों को उन्होंने पढ़ा होगा। अनेक बार उनके साथ मदरसा जाने का अवसर मिला है। यह यात्रा कुछ पैदल कुछ नानाजी के कन्धों पर होती। सोनाडीह के मेले में उनकी उंगली को पकड़े नानाजी ने खूब घुमाया है। वह नहीं भूल सकते उस बांसुरी या पिपिहिरी को जो एक पैसे में नानाजी ने उन्हें खरीद कर दी थी। उन्होंने जीवन में पहली बार उस मेले में पशु बलि होते देखा था। पता नहीं कौन सा वह जानवर था जिसकी

बलि दी जा रही थी। उसी मेले में एक व्यक्ति चलती-फिरती दुकान के साथ व्यापार करता था। एक छोटा सा झोला उसकी दुकान थी। इसमें बच्चों की लेमन चूस से लेकर माचिस की डिब्बी तक होती। तीन पैसे मे माचिस की डिब्बी मिलती जिसे खरीदने की होड़ लगी रहती। औरतें टूट पड़तीं जो खरीदता उसे माचिस के साथ कपड़ा सिलने की दो सुइयां फ्री में मिलतीं। यह सुविधा सिर्फ मेले में ही उपलब्ध होती।

13. मामाजी ने जैसे ही आलता की शीशी को रद्दी की टोकरी में फेंका, उन्हें दुःख हुआ पर मामाजी को कौन टोकता। आज इसे निरर्थक मानकर वह फेंक रहे थे। उन्हें मामी जी के पैरों की याद आई जिन्हे वह आलता से रंगकर ठाकुर जी के पूजागृह में प्रवेश करती थीं। मामाजी अपने मायके से पीतल का एक नक्काशीदार सुंदर पान दान या पान का डब्बा लेकर आई थीं। इसमें एक सरौता, सुपारी, कुछ लौंग और ईलाइची होती। पान के पत्तों और चूना आदि का प्रयोग वह नहीं करती थीं। दिनमे एकाधिक बार सरौते से काटकर सुपारी के टुकड़े और लौंग, ईलाइची लेती थीं। आज इसे अनावश्यक वस्तु मानकर मामाजी रद्दी की टोकरी में जैसे ही रखने वाले थे, उनके हाथ से छूटकर आँगन में जोरदार चीख के साथ लुढ़क गया। कभी इसे मामी जी की कोमल उँगलियों का स्नेह स्पर्श सुलभ रहा होगा। आज मामाजी की कठोर उंगलियाँ इसे रास नहीं आई और यह दूर जा गिरा। उस पान डब्बे में सरौता सुपारी एक आध लौंग और कतिपय ईलाइची अपने दुर्भाग्य पर आठ-आठ आंसू बहा रहे होंगे।

14. अस्ताचलगामी आदित्य और ज्येष्ठ की वह एक सिंदूरी संध्या थी। बारामदे में वह पूर्वाभिमुख बैठे थे। नीम के वृक्ष से आती हवा अच्छी थी। वृक्ष से सटकर माँ काली का मंदिर। गाँव की महिलाएं काली मंदिर से विदा हो रही हैं। किसी की शादी हुई है और दूल्हा हाथ में कजरौटा लिए महिलाओं में घिरा है।

माँ ने कहा, शरबत पीलो। शरबत के सारे इंग्रेडिएंट्स घर के ही थे। अपने खेत के गन्ने का रस, दही अपनी गाय के दूध से निर्मित, जल अपने कुआं का और इस कृति की क्रियेटर अपनी मतामयी माँ। कोरोना के इस विपत्ति काल में माँ का स्मरण आंखों को सजल करता है। माँ हो तो माता जी जैसी, शरबत हो तो वैसा और मौसम हो ज्येष्ठ की उस सिंदूरी संध्या जैसा तो यह अहोभाग्य है।

15. आज, वह पुश्तैनी कुंआ ऊपर से ढँका है। कुंआ और उसका मित्र बट वृक्ष दोनों विलुप्त हैं। साथ वाली पगडण्डी ने अभी दम नहीं तोड़ा है। वृक्ष की सुखद छाया, कुंए का शीतल जल, जेठ की दुपहरी में राहगीरों के लिए वरदान था। अब राहगीरों ने रास्ता बदल दिया है।

बट वृक्ष के नीचे एक छोटी झोंपड़ी थी। उनके छोटे बाबूजी (भोजपुरी में कहें तो छोटका बाबूजी) पं.रामसेवक दुबे इसमें विश्राम करते थे। इसी में बाल्टी, लोटा, डोर, होती। झोपड़ी का दरवाजा सदैव खुला रहता। राहगीरों को पता होता, वे कुंए का जल पीकर आगे का रास्ता नापते। वह एक क्रूर, काली भाद्रपद की रात थी। छोटे बाबू निद्रित थे। तेज आँधी पानी के साथ एक मोटी डाली झोपडी पर गिरी। उनके पिता जी ने दौड़कर उस झोपडी में दुबके अपने भाई को गोद में

उठाकर बहार निकला। झोपडी पूर्णतया ध्वस्त थी। जैसे ही भाई को गोदी लिए पिताजी बाहर निकले, एक और डाली झोंपड़ी पर गिरी। दोनों भाई बाल-बाल बचे थे। बाद में वहां नयी झोंपडी नहीं बनाई गई।

16. लगभग दो वर्ष बाद यहीं दूसरी दुर्घटना घटी। निद्रावस्था में चलते-चलते एक नन्ही बच्ची कुंए में जा गिरी। जोर की आवाज हुई थी। क्या हुआ, क्या हुआ, शोर के बीच एक युवक, कुँए में कूद गए। उस बच्ची को सिर से पकड़े, एक लम्बे बाँस के सहारे ऊपर लाए। बच्ची का नाम शांति था, जो आज दादी और नानी बन चुकी है। जिन्होंने रक्षा की वह छोटे बाबू जी के सुपुत्र ब्रह्मेश्वर भइया थे। आज वह नहीं है पर, उनका यश अक्षुण्ण है। उस बच्ची के पिता कठोर अनुशासन प्रिय व्यक्ति थे। उन्हें बच्चे काकाजी कहते। काकाजी अंग्रेजों की फ़ौज़ में फुट सोल्जर (पैदल सिपाही)थे। कोरोना काल के नीरस और उबाऊ काल खंड में काकाजी का स्मरण कलम को दृढ़ता के साथ-साथ लेखक के स्वाभिमान को पुष्ट, संपुष्ट भी करने लगा है काकाजी थे ही ऐसे। द्वितीय विश्वयुद्ध में वह फारमोसा में कार्यरत थे। कठोर अनुशासनप्रिय थे। पिता जी बताते थे कि 'मेरे स्वाभिमानी भाई ने फारमोसा में किसी अंग्रेज को ज़मीन पर पटक दिया था, जिसकी उन्हें कठोर सजा मिली थी।

माँ ने एक दिन उनके लिए एक कटोरी हलवा दिया था। उन्हें मीठी चीजें पसंद थी पर वे थे मित भोजी। थोड़ा खाते पर अच्छा खाते। गुड़ और चीनी के शौकीन थे।

17. वह सदैव गंभीर रहते और लठमार भाषा बोलते। हलुवा लेते हुए पूछा, तुमने हलवा खाया ? नहीं, काकाजी आपके लिए

माँ ने पहले दिया है। कटोरी वापस लेते हुए थोड़ा निडर होकर विनम्रता पूर्वक काकाजी से उन्होंने पूछ ही तो लिया, काकाजी! आपने अंग्रेज को क्यों जमीन पर पटका था ? अपनी आँखों को ऊपर चढ़ाकर होंठ दबाकर, उन्होंने देखा तो वह सकपका गए। काकाजी ने कहा कि क्यों जानना चाहते हो ? सुनो, मैंने उसे पटका-वटका नहीं था। नीचे काई थी और वह असावधान था, फिसल कर गिर पड़ा था। मैं सामने से आ रहा था, उसे उठाना चाहिए था पर, मुझे हँसी आ गई और, मैं आगे बढ़ गया था। मुझे इसकी सजा दी गई। कुछ पूछा नहीं गया, सीधे पनिशमेंट हुई। देश गुलाम था और मैं अंग्रेजों की पलटन मे था। गुलामी बहुत बुरी होती है। आज हम आजाद हैं। हमें इस आजादी को अक्षुण्ण रखना है। तुम्हे पता है, मैं फ़ौज में कैसे गया था ? खेत में काम कर रहा था। अंग्रेज के साथ एक मुंशी गया। यह मुंशी कायस्थ था और दलाली करता था। यह लोगो को पकड़वाकर फ़ौज़ में भर्ती करवा देता था। मुझे अपने साथ ले गए। घर तक जाने की मोहलत नहीं दी। अंग्रेज और कायस्थ दोनों धूर्त।

18. एक दिन, काकाजी ने एक बच्चे को अपने पास बुलाया पर वे कन्नी काट कर भाग गए। एक दिन पकड़े भी गए। काकाजी ने उनके हाथ पैर बांध कर कुँए में लटकाना शुरू किया। भयावह दृष्य था। काकाजी ने कई बार इस बच्चे की भली भांति कपाल क्रिया की होगी। उनकी एक प्रिय पुस्तक थी, जिसे वह यदा-कदा पढ़ते। एकाधिक बार उनसे भी पढ़वाते। इतनी कठिन भाषा की पुस्तक को वह अँटक-अँटक कर पढ़ते। मरता क्या न करता, पढ़ना पड़ता। काकाजी ने कभी डाँट-फटकार नहीं लगाई। डर तो लगता

ही था। बड़े होने पर, उन्होंने इस पुस्तक को पढ़ा। पढ़कर इस निष्कर्ष पर पहुंचे कि दुनिया की सर्वश्रेष्ठ रद्दी किताबों में अगर कोई है तो यह पुस्तक है। लेखक ने सामाजिक बुराइयों को मिटाने और स्वस्थ समाज के निर्माण हेतु अथक प्रयास किया है। उन्हें आशातीत सफलता मिली, अक्षुण्ण यश भी मिला। निश्चय ही इस पुस्तक के लेखक परम् अभिनंदनीय है। पुस्तक के पाठक अनंत है। एक उन्हें यह पुस्तक अरुचिकर लगी तो उससे क्या फ़र्क पड़ता है। फ़ौज में रहते हुए काकाजी पर महर्षि स्वामी दयानंद सरस्वती और सत्यार्थ प्रकाश का अमिट प्रभाव पढ़ चुका था। अच्छी पुस्तक है पर उनके लिए सरस नहीं है।

19. गांव में किसी न किसी के यहाँ कथा-वार्ता जरूर होती। धूप, दीप, जलाते, फूल होते, फूलों की माला होती। काकाजी कहते, केवल कथा के दिन ही क्यों, धूप नित्य जलाओ, अच्छी चीज है। भगवान की कथा का आनंद लेने वालों से अधिक गांजा पीने वालो की संख्या होती। त्रिलोकी नाथ की कथा में गांजा के शौक़ीन खूब आते। गंजेड़ी, लम्बी साँस के साथ, चिलम खींचते और पेट से धुआँ निकालते। काकाजी गंजेड़ियों को धिक्कारते।

कोई पशु मुँह उठाकर काकाजी को अपनी ओर आकर्षित करता तो फौजी कड़क अंदाज में पूछते 'अरे तुमको क्या मांगता ' अभी ठहरो। नाद पर बांधने का समय नहीं हुआ है। पशुओं की देखरेख उनके जिम्मे थी। कभी-कभी ताऊजी पं. बाबूलाल दुबे उन्हें डपटते, रामशंकर ये हमारे घर के प्राणी है। फौजी रंगरूट नहीं। इनसे प्रेम से बात करना सीखो। बैल से पूछते हो कि उसे क्या मांगता। यही बैल किसी दिन उबीछ कर तुम्हे फेकेंगा तो मैं पूछूंगा कि तुमको

और कितना मांगता है। घड़ी देखना बंद करो। यह ब्राह्मण का दरवाजा है, कसाई का खूंटा नहीं। ये हमारे सहारे हैं और, हमारी गृहस्थी इनके सहारे है। इनकी देखभाल हमारा धर्म है। ताऊ जी पढ़े लिखे नहीं थे पर नहाते वक्त विष्णु विष्णु विष्णु और जय हनुमान ज्ञान गुणसागर जरूर बोलते। उन्हें निश्चित रूप से हनुमान चालीसा कण्ठस्थ नहीं थी पर हनुमान जी में उनकी आस्था कथा वाचकों से अधिक ही होगी।

20. एक दिन ताऊ जी ने कहा, जाओ रामशंकर को बुला लाओं। काकाजी, अपने बड़े भाई के सामने हाथ बांधे खड़े हुए। हिम्मत कहाँ थी कि बैठते। ताऊ जी का दूसरा आदेश था कि जाओ अपने पिता जी बुला लाओ। दोनों छोटे भाई बड़े भाई के सामने थे। ताऊ जी ने पूछा कि इस पलटनिहां ने, किससे पूछ कर अपनी बेटी का नाम शांति रखा है। कुछ ही समयपूर्व एक कन्या रत्न का आगमन घर में हुआ था। भला, यह भी कोई नाम है ? गाँव में कोई मरता है तो कहते है कि फलां के शरीर की शांति हो गई। इसने जीवित बेटी का नाम ही शांति रख दिया। उस दिन उन्हें पता चला कि काकाजी का नाम रामशंकर हैं। ताऊजी उन्हें पलटनिहां कहा करते थे। ताऊजी बूढ़े हो गए थे। आंखे धस गयीं थी पर, आवाज बुलंद और दो-चार ओरिजिनल दाँत अभी भी मित्रवत थे। प्रतिदिन वह इन्ही दांतो से चना चबेना दर-दराते।

उस दिन कमाल की गर्मी थी पर शाम आते-आते तापमान सहनीय हो गया था। गोधूलि आते-आते परम् पूजनीय ताऊ जी की देह परम् शांति को उपलब्ध हो गई। तिजहरिया में, उन्होंने कहा था कि मेरा मुँह साफ कर दो। उन्होंने उनका

मुँह पानी से साफ किया था। भूजा खाते वक्त कुछ लार की बूंदे उनकी ठुड्डढी पर पड़ी थीं, असुविधा हो रही थी। इस समय उनके शरीर के इर्द-गिर्द नम आँखों से सभी खड़े थे। ताई जी ने जीवित रहते ही अन्नदान कराया था। ज्येष्ठ पुत्र ने गोदान कराया था और लक्ष्मी पांडेय को गाय दे दी गयी थी। उनकी आवाज मंद पड़ने लगी थी।

पिता जी तो रो ही रहे थे, तभी उन्होंने कहा, मैं जाने की तैयारी में हूँ मुझे तुलसी गंगा जल नहीं दोगे ? पिता जी ने तत्काल तुलसी दल और एक घूंट गंगा जल बड़े भाई के मुँह में डाला यधपि उन्हें यह पहले दिया जा चुका था। ताऊ जी ने अपने छोटे भाई की कलाई पकड़ राखी थी और यह पकड़ ढीली पड़ती गयी और अंततः ताऊ जी के देह शांति के साथ ही विलुप्त हुई। रोना किसे कहते हैं यह उन्होंने उस दिन देखा, जब पिता जी अपने दिवंगत भाई के पैरो पर सर रखकर बिलख रहे थे। छोटका बाबू जी गुमसुम खामोश थे और काकाजी अपनी टिकासन भर की लाठी लिए निःश्चेष्ट खड़े थे। शायद सोच रहे हों अब उन्हें कौन कहेगा, पलटनिहां। इन पशुओं को घर का सदस्य मानो, अब यह कौन कहेगा। यह ब्राह्मण का घर है कसाई का खूंटा नहीं। घड़ी देखना बंद करो... वगैरह वगैरह।

पड़ोस के बृक्षों पर बैठे परिंदे भी उदास हों तो आश्चर्य क्या। वह थे ही सर्वप्रिय। आगामी दिवस पहले जैसा ही सामान्य था पर एक अंतर के साथ मुँह अंधरे ही ताऊ जी कहते, जगदीश उठो, सवेरा हो गया है। चरनि (नाद) पर भैंस ले जाओ। अब यह आवाज सुनने को कान तरसेंगे।। पिता जी को कहते सुना गया, एक मजबूत वृक्ष की मोटी डाली टूटी गई। भाई एक कम हो गया, एक तो पहले ही

छोड़ गया था आज इन्होंने सारी जिंदगी के लिए मुझे कमजोर कर दिया। इस कथानक का मर्म समझते हैं...। उनके पिताजी चार भाई थे, सर्वश्री बाबूलाल, रामसेवक, राम शंकर और स्वयं उनके पिता श्री शिवदत्त दुबे। सारे बच्चे यही जानते हैं, क्योंकि यही तो उन्होंने देखा है, पर एक सत्य और है। उनके पिता जी के एक छोटे भाई भी थे जिनका नाम था राम दत्त। ग्यारह वर्ष की अवस्था में उन्होंने गोलोक को प्रयाण किया था। अति संवेदनशील व्यक्ति पिता जी बहुत दु:खित थे।

21. एक दिन काकाजी ने पिताजी का रास्ता रोक कर कहा।' न उठ सकता हूँ न बैठ सकता हूँ मुझे हर्निया हो गया है और इसका इलाज कौन कराएगा ? शीघ्र ही उनका सफल ऑपरेशन पिताजी ने करा दिया था। जिसे वह हर्निया समझ रहे थे हर्निया न होकर हाइड्रोसील नामक बीमारी थी। वह शीघ्र ही स्वस्थ हो गए थे। यह सफल ऑपरेशन घर के बंटवारे के बाद हुआ था। घर के आँगन में चूल्हे बँट चुके थे पर भाइयों में रंजिश नहीं थी।

ताऊ जी और छोटे बाबू जी (पं राम सेवक दुबे) दोनों जूट मिल्स कलकत्ता में नौकरी करते थे। दोनों अलग-अलग शिफ्टों में काम करते थे। एक दिन अंग्रेज सुपरवाइज़र ने छोटे बाबूजी को उनके स्लो वर्क के कारण डांट-डपट दिया था। उनकी एक दिन की हाजिरी काम कर दी गई थी। ताऊ जी को पता चला तो उन्होंने अपने तरीके से उन्हें समझाया। छोटे बाबू जी के स्वाभिमान को ठेस लगी और उन्होने नौकरी को लात मार कर गाँव का रास्ता पकड़ा। इस कलम घिसाई में

जाने कहाँ से कहाँ उन्हें भटकना पड़ रहा है। वह तो ग्रीष्म ऋतू की सिंदूरी संध्या के साथ जिंदगी का लेखा-जोखा कर रहे थे और भटकते-भटकते पहुँच गए हुगली नदी के किनारे किसी जूट मिल्स को मास्टर स्ट्रोक लगाने।

आइये अब लौट चलते है........ हाँ तो उस दिन अपने दरवाजे पर पूर्वाभिमुख बैठे थे। फसल कट चुकी थी खाली खेत किसी साफ सुथरे स्टेडियम सदृष लग रहे थे। मेन गेट रात्रि में बंद कर दिया जाता था। प्रथम दृष्टया किसी आगंतुक को यही लगता कि किसी सम्पन्न गृहस्थ का आवास हैं। बात भी लगभग सच ही हैं।

उसी समय एक नवयौवना, एक किशोर के साथ उनके घर आई। सर को ढँक कर, चौखट को तीन बार प्रणाम करके उसने गृहप्रवेश किया। उन्हें लगा माता जी मिलने आई है। सुन्दर तो थी ही, लाल रंग की साडी में और भी निखर रही थी। वह किशोर हैंडपंप से हाथ-मुँह धोकर और दो-चार अंजुरी पानी पीकर लौट गया था। वह उन नवयौवना का अनुज था। यही समय उनके पिताजी का लौटने का था। माता जी चाय लाई और जब वह पी चुके तो माता ने कुछ कहा जिसे सुनकर वह गंभीर हो गए।

पिता जी ने उनसे पूछा, पुत्र मेरे साथ तुम अपने छोटे मामाजी के विवाह में सम्मिलित हुए थे। तुमने अपनी छोटी मामीजी को देखा है क्या ? हाँ देखा है। क्या पहचान सकते हो ?हाँ पहचान भी लूंगा। पुत्र, घर में एक महिला ने पदार्पण किया है और कहती है कि तुम्हारी मामी है। पुत्र जाओ और लौट कर बताओं सच क्या है। वह गए, उन्हें पहचाना, प्रणाम किया और वापस लौटे।

**22.** वह किंचित मुस्कुराई, फिर मुँह ढँक कर रोने लगी थीं। पिताज को सब बताया। उन्होंने कहा, पुत्र तुमने परिवार को एक धर्मसंकट से बचा लिया। हम दोने में से कोई भी उन्हे पहचानता नहीं। तुम्हारी माँ तो शादी में शरीक नहीं हो पाई थी, कैसे पहचानती। पुत्र उनकी देख-रेख करना। उनसे बराबर बात-चीत करते रहना। वह जब तक यहाँ है उदास न होने पाएं। मामी-भांजा को दूध - शक्कर होने में देर नहीं लगी पर वह बोलती नहीं थी। माँ उनकी देख-रेख अपनी सगी बेटी जैसे करतीं। दूसरा सप्तहांत होते-होते वह कुछ सामान्य हो चली थीं पर बोलती अभी भी कम थी। गॉव में इस घटना की भनक भी नहीं लगने दी गई थी। सुबह-शाम घर का काम करने मेड जरूर आती थी, जिसे सभी दाई कहते, पर उसे भी पता न चल सका। एक दिन एक रुपये वाले पांच नोट देकर बोले, संभाल कर ही खर्च करना। जब जरूरत हो। एक चिट्ठी भी दी। यह तुम्हारे नानाजी को ही मिले कोई अन्य व्यक्ति न पा सके। पुत्र, अब रेलवे स्टेशन जाओ। ट्रैन का समय होने वाला है। इतने छोटे बच्चे को, ट्रैन से दूर की यात्रा, वह भी अकेले, शायद ही कोई माँ बाप करने देते हों पर उन्हें अपने पुत्र पर भरोसा था। पहले भी मामा के यहां ट्रेन से गए हो। सावधानी जरूरी है। इन्दारा ट्रैन बदलनी पड़ेगी। सही ट्रैन में ही संभल कर चढ़ना।

पुत्र सामान से सचेत रहना। अब अपनी माँ से बात करो। माँ ने कहा, जब तक तुम घर लौट कर नहीं आओगे मै रोती ही रहूंगी। गर्मी पड़ रही है। प्यास लगते ही पानी मत पीना कुछ रुक कर, फिर कुछ खाकर पानी पीते हैं। एक छोटे से कपड़े के थैले में कुछ रखकर कहा, यह रास्ते के लिए है।

घर से सहतवार रेलवे स्टेशन कुलांचे भरते हुए और वहां से इंदारा स्टेशन तक ट्रेन से पहुंचे। पैसेंजर ट्रेन की स्पीड नौ दिन चले अढ़ाई कोस होती है। हर स्टेशन रुकना, बीच में किन्ही कारणों से ड्राइवर द्वारा रोक दिया जाना, और चेन पुल्लिंग तो सामान्य मजाक है।

इंदारा पहुंच, सामने वाली दुकान पर बैठे। हलुवाई की दुकान है। माँ की पोटली खोली। एक में गुड़ के छोटे-छोटे दो टुकड़े। यह गुड़ भी मामाजी के यहाँ का ही था। वह प्रतिवर्ष अच्छी मात्रा गुड़ भेजते। इस गुड़ में अदरक और कुछ अन्य औषधियां मिलीं होती। वह हलुवाइन से मुखातिब हुए।

**23.** एक आने में चार समोसे आते थे। अगर एक ही लेना होता तो दो पैसे ढीले करने पड़ते थे। कुछ खाते-पीते कि अफरा-तफरी मच गई। पता चला ट्रेन आ रही है। लोग प्लेट फार्म की ओर भागे। प्लेट फार्म पहुंचे पर जो ट्रेन आई वह मालगाड़ी थी। इंदारा उन दिनों बलिया रेलवे स्टेशन से, ज्यादा साफ सुथरा और भयरहित था। बलिया रेलवे स्टेशन कभी निरापद न था न आज है। यहाँ आज भी, बोरियत जिंदाबाद है। बेंच पर बैठे-बैठे उन्होंने माँ की पोटली खोली। आँखें खुली की खुली रह गई। इसमें माँ के हाथों बना दालमोट था। अनेक बार खा चुके हैं। इस धरती का कोई भी हल्दीराम वैसा दालमोट नहीं बना सकता जैसा माँ के हाथों का प्रिपरेशन होता था।दालमोट खाया नहीं। जस का तस पोटली में डाल दिया। इसे मामा के यहाँ ही अब खाएंगे। पर अकेले नहीं, उनकी मामी भी इसमें साथ देंगी। ट्रेन आई सवार हुए और पहुंचे बिल्थरारोड रेलवे स्टेशन। नानाजी को उन्होंने चिट्ठी दी। चिट्ठी पढ़ कर उनकी

आँखे भर आईं। उन्होंने कहा. बाबू इसे अपने बड़े मामाजी को दें। उन्होंने कहा आपको देने के लिए कहा था अब मैंने दे दिया। मेरा काम इतना ही है। चिट्ठी बड़े मामा जी को मिली। उन्होंने अपने छोटे भाई से कहा, जाओ उन्हें लाओ। अगले दिन छोटे मामा जी अपनी धर्म पत्नी को लाने रुखसत हुए।

वह भी छोटे मामाजी के साथ जाने को उद्यत हुए पर नानाजी ने रोक लिया।

छुट्टियां हैं, कुछ दिन नानाजी के यहाँ रहें। इस साल आम की फसल सुन्दर आई है। ज्यादा समय हुआ, उधर की ओर नहीं गया। कल चलेंगे, फरही नदी भी आप देखेंगे। नानाजी की मिल्कियत में लगभग पचास पेड़ थे। उतने बड़े बाग में महुआ का एक भी वृक्ष नहीं था। जामुन था पर, उसकी मल्कियत दूसरे की थी। नानाजी बोरी भर कर, मीठे आम लाए। वहां बैठे, बाग में आये, छोटे-छोटे-बच्चों को भी दिया। कुछ लोग धूप से बेचैन बाग की शरण लिए हुए थे. उनसे भी बातें कीं। नानाजी मे गजब की फुर्ती थी। पेड़ो पर चढ़कर, डाल-डाल, पात-पात ऐसे घूमते-फिरते जैसे राम जी की गिलहरी।

24. तिनसुकिया अच्छी जगह है। दिल्ली भी दिल के करीब है पर वह क्या करें "हनुज दिल्ली दुरस्त।" ट्रेन का चक्का जाम है, प्लेन रनवे पर खड़ा पड़ा है।

दिल्ली में उनके ब्राह्मणों का क्या क्या हाल है कौन जाने। कहकर आए हैं पर अनुपस्थिति में क्या होता होगा ? उनके ये ब्राह्मण कौन हैं ? रोचक बात है पर यह कहानी फिर सही।

अभी-अभी जन्नतनशीन हुई मामीजी का एक रोचक संस्मरण है। पिताजी ने कहा, पुत्र तुम्हे मामीजी को उनके घर से ससुराल लाना है। यह शुभ कार्य तुम्हारे द्वारा हो यह तुम्हारे नानाजी जी की ईच्छा है।

12 वीं के छात्र थे और कुछ हिम्मत जुटाकर बोले, मै नहीं जाऊंगा। क्यों ? क्योंकि मामाजी कसाई हैं। कसाई जब तक गाय काट न ले, उसके हाथों में खुजली होती रहती है। वह इन्हे भी कूट-काटकर खा जायेंगे। जाना तो पड़ेगा ही, देखते नहीं अपने साथ ले जाने के लिए तुम्हारे अतिवृद्ध नानाजी आए हैं। उस समय पिताजी का एकालाप उन्होंने सुना **"First Wife is Wife Second wife is a Compromise."**

एक बार ऐसी ही एक और स्थिति आई थी, जब उन्हें प्रभुनाथ की धर्मपत्नी को लाने जाना पड़ा। वह सुखद था। वहां सभी हाथ जोड़े शीर्षासन की मुद्रा में उनकी सेवा में लगे थे।

25. पिताजी से प्रतिवाद करना घोर पाप है। धर्म संकट था, जाना पड़ा। नानाजी उन्हें ले गए। मामी जी के गॉव जाते समय आधी दूरी तय हुई होगी तभी गाड़ी के इंजन महाशय का मूड खराब हो गया। घण्टो बाद एक मिस्त्री ढूंढ़-ढांढ कर लाया गया। मिस्त्री जी की सेवा से इंजन महाशय द्रवित हुए। मूड नार्मल होते-होते क्षितिज पर रात्रि मंडराने लगी। लौटना उसी दिन था। उन्होंने रात्रि में विदाई स्थगित कर दी। जब दुल्हन के साथ वह मामा जी के यहाँ नहीं पहुंचे तो सबका चिंतातुर होना स्वाभाविक था। बेचारे मामाजी का तो दिल ही बैठ गया होगा।

अगला दिन दिशाशूल था। शुभमुहूर्त पांच दिन बाद का मिला। इतने दिन उन्हें वहीं रहना पड़ा था। सेवा सत्कार में कोई कमी नहीं थी। रात्रि में खा-पीकर सोए। सोकर जब उठे तो मामला कुछ गड़बड़ था। उन्होंने किसी से कुछ कहा नहीं। हाथ में घड़ी बांधे सो गये थे पर, इस समय कलाई नंगी थी। अब गई तो गई, कौन ढूंढे। मामीजी धीरे-धीरे ही सही अब खुलकर बोलने लगी थीं। भोजन कराते समय उन्होंने कहा, दालपुरी मैंने बनाई है, आपको कैसी लगी। बहुत अच्छी लगी, तो एक और लें। और पूरी लेंगे तो आपको एक अच्छी चीज दूंगी। एक महिला उनके पीछे खड़ी थी उसने घड़ी दिखाई। बाद में उन्हें घड़ी मिली। सोते समय किसने उनकी घड़ी उतारी थी उन्हें नहीं मालूम।

मामा जी का शायद दम फूलने लगा था। कैफियत लेने वह दौड़े-दौड़े आये। वास्तविकता जानकर फटाफट वापस लौटे। इसी को कहते हैं "उलटे बाँस बरेली को"। मामा जी की डांवा-डोल मनः स्थिति की एक झलक ससुराल पक्ष को अवश्य मिली होगी। उन्होंने न जल ग्रहण किया न कुछ बात ही की।

शनैः शनैः नयी दुल्हन ने उन्हें उनकी औकात में ला दिया। नयी दुल्हन की दृष्टि में पति महोदय एक सम्मानित पालतू पिल्ला मात्र थे। मामा जी की पहली पत्नी सुहागिन मरी पर इन्हें वैधव्य के दंश को भोगना पड़ा था।

एक अन्य संस्मरण है जिसे लिखना कलम को नागवार नहीं गुजरना चाहिए। कोरोना ने उन्हें कारकुन बना दिया है। यह संस्मरण भी पिताजी के आदेश का अनुपालन था। उन्होंने जो चाहा, पुत्र ने वैसा किया और परमात्मा सहायक बने।

जमाना इमरजेंसी का था। **25 जून 1975 से 21 मार्च 1977** तक अर्थात २१ महीने भारत में इमरजेंसी थी। उन्ही दिनों संजय गाँधी ने नसबंदी अभियान चला रखा था। यह एक आतंक था। वह अच्छी पोजीशन में एयर इंडिया में कार्यरत थे। अखबारों में सेंसर, सड़कों पर सन्नाटा, लोगों में दहशत और मुंह पर ताला यही थी इमरजेंसी की परिभाषा। पिताजी ने तार द्वारा उन्हें बुलाया।नसबंदी के दो केस देने थे। रिमाइन्डर पर रिमाइन्डर माताजी को मिल रहे थे। वह प्रधानाध्यापिका थी और धर्मसंकट में थी।

उन्होंने पिताजी से कहा, पता होता तो रिमाइण्डर की नौबत ही नहीं आती। आप अब बता रहे हैं, मुझे वापस दिल्ली जाने दें। मै यह कर पाऊं इसके लिए आशीर्वाद दें।

ठीक दस दिन पश्चात् लंगड़ाते हुए वह गॉव पहुंचे। लगड़ाने की वजह क्या है, न किसी ने पूछा न उन्होंने बताया। हर रोग का निदान है। ढूंढने से समस्या का समाधान भी निकल आता है। उनके सहकर्मी की पत्नी हास्पिटल में नर्स थी। उनके माध्यम से पहला केस मिला। दूसरे केस के लिए वह सीधे क्लिनिक पहुंचे नसबंदी कराए। दो हफ्ते के बेडरेस्ट को लात मारकर घर पहुंचे। चलने में भयंकर कष्ट होता था। दर्द असहनीय और प्राण कण्ठगत था।

माँ से पिताजी ने कहा, बेटा दोनों केस के कागज लाया है। अब यह कल जमा हो जाना चाहिए। दूसरे दिन वह माँ के साथ बलिया गए। माँ ने दोनों प्रमाण पत्र महिला अधिकारी को सौंपे। अपने चश्मे को नीचे सरकाते हुए अधिकारी ने पूछा, आप कौन ? यह रमेश चन्द्र द्विवेदी कौन हैं ? मैडम जी! यह मेरे मित्र का नाम है। माँ सुन

रही थी पर कुछ समझ नहीं पा रही थी। उनकी स्थिति युधिष्ठिर जैसे थी "अश्वथामा मरो नरो वा कुंजरो"। धीरे-धीरे माँ और पिता दोनों सच्चाई जान गए। दोनों व्यथित हुए। माँ बिलख-बिलख कर रोई। छाती पीट-पीट कर रोईं। पिताजी ने कहा, पुत्र तुमने अतिवादिता की सारी हदें तोड़ दी। तुम जिद्दी हो, हठी तो हो जानता था, पर तुम्हारी यह अतिवादिता समझ नहीं सका था। तुम उऋण हुए और मैं तुम्हारा ऋणी। रात में कुछ खा-पीकर सवेरे, बलिया, बनारस, बाबतपुर होते हुए दिल्ली पहुंचे।

26. उनके पास गत वर्ष की डायरी भी थी, जिसमे कामाख्या की यात्रा के अंश अंकित हैं। इस सफर नामा को उद्धृत करना उन्हें ठीक लगा। डायरी लेखन एक आदत है। अब तक तो पुरानी डायरियां वह फेंकते रहे हैं आज पहली बार ये आकार लेने लगीं हैं। कोरोना के क्रोध ने उन्हे कारकुन बना दिया है। ख़ास करके कोरोना दैत्य के माई - बाप जो उत्तर दिशा में हैं उनपर वह अपना नज़ला उतार रहे हैं। संक्षिप्त विवरण इस प्रकार है। **20 सितंबर 2019**, नार्थ ईस्ट फ्रांटियर मेल से कामाख्या स्टेशन पहुंचे। यहां की हरियाली और मौसम के लावण्य ने उन्हें मुग्ध किया। पटरियों के दोनों ओर हरे-भरे भू-भाग, वन संपदा, धान के खेत, चाय बागान मनोहर लगे। जलाशयों में इंद्र धनुष को देखना सुखद है। वास्तव में यह बादलों का प्रतिबिंब है। प्रकृति का एस्थेटिक सेन्स देखना हो तो आइये न एकबार आसाम में।

वेटिंग हाल में डट गए। मौसम समशीतोष्ण। पं. तारिणी कांत को फोन मिलाया। कामख्या मंदिर के तीर्थ पण्डा है। यात्रियों की सहायता करते हैं। इसके एवज़ में जो

कुछ मिले उन्हें स्वीकार्य है। इन सेवा भावी ब्राह्मणों के वह आभारी है। ट्रेन में ही रंजीत मिला था। वह किसी प्रतियोगितात्मक परीक्षा के लिए यहां आया है कुछ घबराया था। उन्होंने उससे कहा, पुत्र जीवन एक खेल है। इस खेल को रुचिकर बनाना है। तुम एक खिलाडी हो और तुम्हारा ऐटिट्यूड ऐसा होना चाहिए कि "चित्त भी मेरा, पट्ट भी मेरा और अंटा अपने बाप का।" हार-जीत दोनों सहर्ष स्वीकार्य हो और जिन्दादली खेल की खुराक।

27. मंदिर परिसर में पं. समीर शर्मा आत्मीयता पूर्वक मिले। इस आत्मीयता में व्यवहार कुशलता की छौंक बघार थी। रात आपका ही फोन था, हाँ पर आप तो पं.तारिणी कांत शर्मा नहीं है। श्रीमान मेरे पिताजी का स्वर्गवास हो गया है और उनके यजमानों को अब मैं संभालता हूँ। वयोवृद्ध पं.जी के निधन का समाचार दुःखद था।

समीर जी ने सुबह नौ बजे मंदिर के गर्भ गृह प्रवेश में सहायता की। अत्यंत संकीर्ण सीढ़ियों से उतरते हुए गर्भ गृह में प्रवेश करते है। लुढ़कने की संभावना रहती है। भक्त गण चूहा दौड़ लगाते है। सदाचार को भूलकर मूल स्वभाव में आ जाते है। समीर शर्मा की मदद से विधिवत दर्शन हो सका। यधपि सुरक्षा की दृष्टि से दर्शन की व्यवस्था कुछ देर से हुई थी।

सूचना प्रसारित की गई थी कि चीफ जस्टिस श्री रंजन गगोई कामाख्या माता के दर्शन करने पधारे हैं। वह पहले दर्शन करेंगे तदुपरांत अन्य लोगों को अनुमति मिलेगी। कुछ लोगों को असुविधा भले हुई हो पर उन्हें तो इससे एकांत में निश्चित बैठने का लाभ ही मिला। वह तो जन्मजात पर्यटक हैं। दुनिया एक सैर गाह है और भारत

एक भव्य शिवालय। नित्य अभिनंदनीय। ईस्कान के भक्त वृंद हरे राम, हरे कृष्ण का कर्ण प्रिय संकीर्तन कर रहे थे। यह लाभकारी महामंत्र, अनुभव गम्य है।

28. कतिपय भक्त वृंद, बकरियों, भेड़ों और कबूतरों को लिए घूम-फिर रहे थे। एक ने दो चिड़ियों को हथेली में जकड़ रखा था। बलि प्रथा समझ से बाहर की बात है। यह तो निरीह प्राणियों का वध है, हत्या है, अपराध है। पर वे रूलिंग देने वाले कौन हैं। इन्हें जीने का मौलिक अधिकार नहीं है क्या।

माँ तो, उदारमना अबाधित जीवन है। मां तो रक्षक है। श्राद्ध पक्ष के कारण भीड़-भाड़ कम है।

श्री युत् गोगोई महाशय को परिक्रमा करके मंदिर परिसर से विदा होते निकट से देखा। एक विचार आया, आप, माँ कामाख्या के दर्शन करके विदा हो रहे है। आपको अयोध्या के मुकदमे का निर्णय लिखना है। यह लिखा पढ़ी उनके जीवन का ऐतिहासिक निर्णय हैं। सारा विश्व प्रतीक्षारत है। राम लला का टेंट से निकल कर भव्य मंदिर मे आना, अब आपके निर्णय पर है। उन्होंने माँ कामाख्या से निवेदन किया, हे माँ कामाख्या, जस्टिस महोदय को यशो देहि।

जिस महिला ने पिछली बार उन्हें पास निर्गत किया था, वह आज भी उसी स्थान पर बैठी थी। पास निर्गत करने का दायित्व एक अन्य भद्र जन निभा रहे थे। महिला का ऐटिट्यूड जस का तस था। देखने में तो सर्वांग सुंदर है पर है नक चढ़ी। परमात्मा ने कुछ सोचकर ही तो स्वर्ण को सुगंध विहीन बनाया है। महिला देखने में भले सुन्दर है पर चोंच खोलते ही "काको काकः पिकः पिकः" स्पष्ट हो जाता है।

**29.** पंडित समीर शर्मा को जो दक्षिणा मिली उससे संतुष्ट थे। उन्होंने पुनरागमन का आग्रह किया, हमे शालीनता पूर्वक विदा किया। इन सेवा भावी ब्राह्मणों का योगक्षेम माँ कामाख्या वहन करती है। उन जैसे यायावर की यत किञ्चित दक्षिणा तो ऊँट के मुँह में जीरा मात्र है।

अब वह गोहाटी ऑटो से जा रहे थे। कार उन्हें नापसंद है।टैक्सी में सफर किसी बंद डब्बे में सामान सदृश है।उन्हें उन्मुक्त वायु में सांस लेने की आदत है। वह रेशम का कीड़ा नही है जो कार में बंद होकर ककून बन जायें।आजाद ख्याल इंसान को खुला आसमान, प्रकृति का साहचर्य चाहिए। ईर्द-गिर्द जीवंत लोग, क-ल-र-व करती चिड़ियों का समूह फलदार वृक्ष, खेत-खलिहान, झरना, नदियाँ और वह सब कुछ चाहिए जो सत्यम, शिवम सुन्दरम है।

चाय की खुशबू चोर की नजरों से उन्हें आकर्षित कर रही थी। गोहाटी करीब आने लगा था। उन्होंने आस-पास की ओर विहंगम दृष्टि डालते हुए आटो को चाय के ठेले पर रुकवाया। दोनों ने चाय पी। यहां चाय बनाने में मिल्क पाउडर प्रयोग करते है। जिन्हें उम्दा चाय का लुप्त उठाना हो उनसे वह आग्रह करते है कि आइये न आसाम में।

इण्डियन चाय का जलवा उन्होंने दुनिया के दर्जनों देशों में देखा है। मिस्र की घटना है, पिरामिड देख रहे थे। वही इण्डियन टी बोर्ड द्वारा संचालित टी हाउस देखा।

पर्यटक पिरामिड देखने आते है और टी हाउस जाना नही भूलते है। पर्यटक इण्डियन टी जरूर खरीदते हैं।इण्डिया और इण्डियन टी अभिन्न है।

**30.** आगे बढ़े तो सुंदर ताजे फलों को कॉंवर पर फेरी लगाकर बेचने वाले दिखे। फल परिष्कृत खाद्य रूचि का घोतक है। यही हाल शाक-भाजी का है। जिन्हें धरती की सुषमा, प्रकृति के औदार्य, सुबह की चाय और ब्रह्मपुत्र से आनेवाली हवा से सरोकार हो वह ज़रूर आयें एक बार आसाम में

वे तो आते ही रहते हैं क्योंकि आसाम उन्हें बुलाना नहीं भूलता। अनेक वर्ष पूर्व वह श्री लंका गए थे। लोगों ने बताया कि प्राचीन समय, तमिलनाडु से कॉंवर में भर कर सोना, चाँदी, और आभूषण यहाँ आता था जिसे घर-घर तमिल व्यापारी फेरी लगाकर बेचते थे।

वह भी एक समय था जब लोग अपने घरों से चांदी, सरकारी टकसाल ले जाते थे और अपनी आवश्यकतानुसार सिक्के ढलवा कर लाते थे। इस बात को तो उन्होंने स्वयं पढ़ा भी है। चाँदी के सिक्कों की बात पर एक छोटी घटना स्मरण हो आती है। यमुना नदी के किनारे बालू में टहलते वक्त उनके पैर में कुछ उलझन हुई थी। देखा तो पैर की उंगलियों के बीच एक चाँदी का चमकता सिक्का था। महारानी के चित्र के साथ अपने अतीत का वैभव लिए वह सिक्का कुछ ही देर उनके पास रहा। रिटायर्ड नेवल ऑफ़िसर उनके साथ ही टहल रहे थे, उन्होंने कहा मैं रख लूं और मन ही मन इदम् न मम: गुनगुनाते हुए उन्हें इसे दूर करने में देरी नहीं की। संभ्रांत घरों में चांदी के कुछ ना कुछ बर्तन किचन मे आज भी देखने को मिल ही जाते हैं। उन्हें स्मरण है, उनके जन्म दिन वाले समारोह में मामाजी ने चांदी की थाली, चम्मच, गिलास उन्हें गिफ़्ट की थी। वे भी क्या दिन थे और वह भी कमाल के शरारती रहे होंगे। सौ रूपये का वह भारी भरकम नोट जिसे छोटी मोटी पतंग

मानकर उन्होंने उड़ा दिया था। नोट, मामाजी जी कमाई थी।। वह इलाहाबाद बैंक में कैशियर थे।

31. वह प्रसन्न थे कि **26** की शाम तक ही उन्हें यहाँ ट्रांजिट पैसेंजर की तरह रहना है। अब वह फैंसी बाजार पहुंच चुके थे, उन्हें पता है कि आशियाना यहीं मिलेगा। **10:50** पर कामाख्या से चले थे, इस समय घड़ी **12:02** का समय बता रही है। कामाख्या से गोहाटी तक टैक्सी और ऑटो के किराये में विशेष अंतर नहीं है पर उनकी पसंद ऑटो ही है। उन्हें एक नान एसी कमरे की दरकार थी जो उन्हें मिला। प्रातः से अब तक अन्नपूर्ण अलभ्य थी पर भूख भी नहीं थी। थोड़ा विश्राम करें, सोचकर, आरामदेह बिस्तर पर पैर पसारते ही निद्रा देवी ने उन्हें अंक मे भर लिया। फिर जब उठे तो संध्या के चार बजे थे। फैंसी बाजार में घूमने-फिरने का मन बनाया। यायावर के लिए हर जगह फ़ैंसिफ़ुल है। हिंदी सर्वत्र बोली जाती है। यहाँ भोजपुरी भाषी भी पांच रुपये पसेरी के हिसाब से है। पल्लेदारी और अन्य हैण्डीवरकर यही भोजपुरी भाषा भाषी लोग है। ये परिश्रमी लोग है। ये न रहे तो फैंसी बाजार का होलसेल मार्केट ठप्प ही समझिये।

पचास-सौ साल पुरानी खण्डरनुमा इमारतें, बदरंग दीवारे, छतों पर उग आई बड़ी-बड़ी नीचे झुकी, घासों का झुरमुट लगता हैं कोई वयोवृद्ध निष्क्रिय शेर अपने जीवन के बचे-खुचे दिन, गिन-गिन कर काट रहा है। विदेशों में भी उन्हें इस तरह की **Abandoned** इमारतें देखने को मिली है।

कभी इनके आर्किटेक्ट पर विमर्श होता होगा। लकड़ी की मजबूत किवाड़ों और उन पर बनी कलाकृतियों की तारीफ

में लोग कसीदे पढ़ते होंगे। बने की साथी दुनिया है। आज भले इन्हे कोई इज्जत से न देखकर निकल जाय पर उनके जैसे यायावरों को इनसे अनुरक्ति है। लावारिस, भूली बिसरी इमारतों के मकड़जालों भरे बरामदे में उन्होंने घण्टों विश्राम किया होगा। कुछ वर्ष बाद उधर आनाजाना हुआ तो इन परित्यक्त मित्रों को देखे बिना आगे न बढ़े। कुछ मनुष्यों का ऐसा ही हश्र होता हैं। अपने ही घर में इन्हे बूढ़ा, खूसट, बदमगज, **outdated** घोषित होना पड़ता है जो उनके दम पर पले-बढे सफल हुए वही उनसे आते-जाते नजर बचाते है।

बाबूजी कहीं कुछ माँग ना बैठें। बहुएं ऊपर वाले से कहती हैं कि बुढ़ऊ को उठा लो। कब तक खुं-खुं खासते रहेंगे। यदा-कदा कोई आया तो उन्हें अपने जीवित होने का आभास होता है। घड़ी की टिक-टिक के साथ बुढ़ऊ का हृदय धड़कता रहता है। यही हाल इन हवेलियों और इमारतों का है। सभी को जर्मींदोज होना ही है।

आदमी का जिस्म क्या है

जिस पे शैदा है जहाँ

एक मिट्टी की ईमारत

एक मिट्टी का मकाँ

खून का गारा बना

और ईंट जिसमें हड्डियाँ

चंद सांसों पर टिका है

ये ख़याली आशियाँ

मौत की पुर जोर आँधी

एक दिन जब आयेगी

देख लेना ये ईमारत

ख़ाक में मिल जाएगी।

अनजान बस्तियों में बेमतलब घूमना भी एक शानदार सबब है। उनकी नजरों के सामने एक बड़ा घर है। मजबूत लकड़ी के चौखट पर टिका विशालकाय दरवाजा बुलंद है। कलाकृतियां, कारीगर की प्रतिभा का यशोगान कर रही है। बड़ा ताला बंद लटका है। धूल-गर्द से आच्छादित इस प्रापर्टी को देखने वाला कोई नहीं है। विलुप्त होने के कगार पर खड़े इस खंडहरनुमा स्ट्रक्चर के साये में सन्नाटा उठता-बैठता है।

भूख नहीं थी, भूख के साथ आँख मिचौनी ठीक न ही।अंग्रेजी दवाइयां लेनी है। खाली पेट दवा लेने से डॉक्टर मना करता है। एक साफ-सुथरे स्थान पर बैठकर उन्होंने दहीबड़ा खाया। प्रेपरेशन अच्छा था और कीमत सत्तर रूपये। ऐसा लगा सत्तर रूपये में फैंसी बाजार उनके नाम से बैनामा हो गया।

फैंसी बाजार में एक डिस्कवरी हो गई। एक जगह लिखा था "श्री शिवदत्त राय दातव्य औषधालय"। पैर ठिठक कर ज़मीन में गड़ गए। यह इबारत उनके परमपूज्य गोलोकवासी पिता का स्मरण करा बैठी। उनके पिता श्री का नाम पं. शिवदत्त दुबे है। इस समय "शब्दब्रह्म स्वरूप पिता" अपने पुत्र को आहलादित कर रहे थे। अपने यत् किञ्चित् पुण्य को पिता की स्मृतियों को समर्पित कर

दिया। इस तरह **22 सितंबर 2019** संध्या आते-आते एक खुशनुमा रात बन गई।

**32.** **23 सितंबर** प्रातः कालीन चाय बिस्कुट लिए संजय आया। साफ और खुशनुमा दिन, भ्रमणार्थ निकले। फ़िज़ा में चाय की खुशबू और चाय के ठेले को घेरे चाय के रसिक गण। दीवानगी ऐसी कि कही न जाए। चाय के लिए ठेले पर ऐसी टक टकी जैसे दमयन्ती की बेचैन आंखे अपने राजा नल की टोह मे हों। इन चाय भक्तों को घर पर चाय उपलब्ध पर बाहरवाली का लुत्फ़ही कुछ और है

बच्चों की उंगलियां पकड़े माताएं स्कूल वैन की प्रतीक्षा में। यही वह समय है वे एक दूसरे का कुशलक्षेम जान लेती है। सहजता, सौम्यता, शालीनता और लावण्यता से भरपूर। नेत्रों को इस तरह के बृहत्तर सुख का दर्शन, कराना हो तो आइए न एक बार आसाम।

एक जगह, एक वृद्ध जन साग्रह अपने बारामदे में उन्हें लाए। कॉप रहे थे। उनकी अवहेलना अनुचित मान अंदर आये। एकाकी विधुर हैं। एक मात्र संतान विलायत में है। हिंदी मिश्रित कर्ण प्रिय असमिया भाषी हैं।अपनी चाय बनाने जा रहे थे, इनसे भी आग्रह किया पर उन्होंने मना कर दिया। मेड आती है सबेरे-सबेरे। भोजन बना कर चली जाती है। वह रात में भोजन नहीं करते। कहीं आते जाते भी नहीं।एक संपन्न पुत्र है। गतवर्ष फादर्स डे पर फोन आया था। विलायत रहता है।

ऐसा सम्पन्न पुत्र किस काम का। मजेदार बात यह है कि वृद्ध महाशय अपने पुत्र का जन्म दिन मनाना नही भूलते। मैं ब्राह्मण भोजन के लिए अपने पुरोहित को कुछ द्रव्य

दे देता हूँ। बेटे की माँ उस दिन पुरोहित को अपने हाथ से बनाकर खिलाती थी। पुत्र का कहना है अकेले क्यों रहते हैं यहां चले आइये। वहीं रहना है तो किसी वृद्धाश्रम चले जाइये। अपनी झेंप मिटाने के लिए वह हें हें करने लगते हैं।

अपने मोबाइल को टॉप-अप कराने वह एक कियोस्क पहुंचे।दुकानदार बंधु फुरसत में थें। अपनी जन्मपत्री खोल बैठे। शांडिल्य गोत्रीय तिवारी ब्राह्मण है। चार दुकान और एक हनुमान मंदिर के मालिक हैं। इनके प्रपितामह गोरखपुर से आए और यही के हो गए।

वाराणसी से पधारे एक श्रीवास्तव बंधु ने उन्हें अपने गोहाटी ज्ञान गीता को बड़े मन से सुनाया। साल में यहाँ तीन-चार बार आते हैं। उनकी बातें उन्हें नागवार गुजरीं। अपने यायावर मन से उन्होंने कहा, ऐ मेरे मन, गोहाटी मेरी जिंदगी का पाठ्यपुस्तक नही है। घूमने-फिरने में हर्ज़ नहीं, क्या करूँगा यहाँ का इतिहास भूगोल खंगाल कर। वह निकटस्थ सीताराम मंदिर गए थे। लाल रंग की एक प्रतिमा थी। वह इसे अपना इष्ट देव हनुमान जी समझे वैसे थे ये गणेश जी। बुद्धि विलंब के साथ संतुलित हुई थी। वह तो भूखा बंगाली भात भात की तरह जय हनुमान ज्ञान गुण सागर में गोता लगा चुके थे। उन्होंने विनायक देव से कहा आप में मुझे अपने इष्ट देव श्री हनुमान जी लगे। अब आप और हनुमान जी आपस में समझें, मैं तो चला। उन्हें तिनसुकिया जाना है। वहां से दिल्ली की ओर।

गुवाहाटी रेलवे स्टेशन सात नंबर प्लेटफार्म एक निर्जन बेंच की आखरी कोने में बैठे। ट्रेन में सवा घंटे का विलंब है। कुछ समय बीता, एक फौजी पधारे और इंटरसिटी भी आ

पहुंची। वह अपनी सीट पर पहुंचे। सामने और ऊपर की बर्थ पर चार तरुणियाँ थीं। प्रातः काल तिनसुकिया आया वह देखते रह गए जब उन तरुणियों ने सामान सहित, प्लेटफार्म पर उन्हें उतरने में मदद की। इन चारों ने अपनी शाएस्तगी से उन्हें लाजवाब कर दिया।

ट्रेन के खिसकने के साथ प्लेटफॉर्म का शोर कम हुआ पर सामने दुर्गम पहाड़ था। यह पहाड़ रेलवे का वह पुल है जिसे फतह करके ही वह स्टेशन से बाहर हो सकते हैं। पुल पर चढ़ना, उतरना दोनों कठिन। अंततः वह कामयाब हुए रिट्ज पहुंचे। अटेंडेंट उन्ही की प्रतीक्षा में थे। कमरे में दाखिल हुए। मैनेजर श्रीकृष्ण पुरकायस्थ ने पूछा इस बार जल्दी तो नही है। कुछ दिन तिसुकिया में बिताएं।डॉक्टर त्रिपाठी ठीक इसी वक्त टिफिन बाक्स लिए पधारे। रिट्ज और डॉक्टर त्रिपाठी का विद्यालय आमने-सामने हैं, बीच मे एक सुंदर शिवालय है। यह वही विद्यालय है जहां द्वितीय विश्वयुद्ध के दिनों उनके पिताजी हेडमास्टर थे।

**33.** डॉ. त्रिपाठी जा चुके हैं। इलाहाबाद से सुरेश का फोन आया। अनुज हैं, और प्रतिदिन एकाधिक बार बात होती रहती है।

बरसात हो रही है। जल ही जीवन है। उन्होंने वर्षा पर अपना ध्यान केन्द्रित किया। जल पुष्ट और जीवन्त है। इस जल की कोई भाषा जरूर होगी। बूंदे आपस में घुल-मिल कर जरूर बोलती होगी।

बादल जब आसमान से नीचे की ओर चलते होंगे,

जरूर वरुणदेव से इन्हें कुछ निर्देश मिलता होगा। कहाँ-कहाँ से होकर गुजरना है और कहाँ कहाँ बरसना है और कहाँ से बिना बरसे आगे बढ़ना है, सब कुछ बादलों को आदेशित

किया जाता होगा। आसाम को समृद्ध बनाने में वर्षा भी एक कारक है। होटल के बारामदे में लगभग चार घण्टे उन्होंने वर्षा के साथ बिताया। वर्षा उन्हें सदैव अनुकूल ही लगी। वर्षा के विभिन्न स्वरूप भले लगते हैं। रिमझिम, तेज और मूसलाधार। बंद होना भी सुख प्रद है। तेज भागती गाड़ी रफ्तार कम करती हुई परम धीरावस्था में आकर रेडलाइट पर रुकती है। वर्षा के रुकने का क्रम भी कुछ ऐसा ही है। वह वापस अपने कमरे मे आये।

**34.** नींद को तो आना ही था पर, वह किसी ट्रैफिक जाम में घिरी प्रतीत होने लगी। ऊपर बादलों ने संभवतः घेर रखा हो। बादल भी कम शरारती नहीं होते। नीचे सड़क से वेण्डर का स्वर सुनाई पड़ा, चाय गरम, गरमा गरम। वर्षा रुकी और काँवर पर चाय वालों की फेरी शुरु। देखा तो मैनेजर श्रीकृष्ण पुरकायस्थ अपनी और उनकी चाय लिये उपस्थित। हल्की ठंढक थी। चाय पीकर, नींद की प्रतीक्षा करने लगे। कल **29** सितंबर है, संतोष गाड़ी लेकर आएगा। डॉ. त्रिपाठी के साथ वह सदिया ब्रिज होते हुए अरुणाचल की सीमा तक जाएंगे।

संतोष और डाक्टर त्रिपाठी एक साथ पहुंचे। सवा आठ बजे, भूपेन हजारिका ब्रिज जिसे स्थानीय लोग सदिया ब्रिज कहते हैं, के लिए चले, वहां दोपहर दो बजे पहुंचे। उनकी दृष्टि आइसक्रीम वेण्डर को ढूंढ रही थी। वह कुछ दूर था, देखा तो दौड़ा आया। संतोष भी अब उसे पहचानने लगा है। आया, मिला, कहने लगा आप से मिलकर ऐसा लगता है कि, मेरा सारा गाँव मिलने आया है। यू.पी. के गाजीपुर जनपद से है। कहता है जब तक जिंदा हूँ वहां जाता रहूंगा। बाद में क्या होगा कौन जाने। रतनपुरा का जिक्र करता

है। वहाँ उसकी बहन रहती है। आसाम कर्म भूमि है और जन्मभूमि गाजीपुर। उसके साथ भोजपुरी में वार्तालाप सुखद है। वह तो यायावर और पर्यटन के पक्षधर हैं। पर्यटन शुभ कार्य है। रूपया पैसा कमाना, बालकों को पालना पोसना, गृहस्थी चलाना, लौकिक व्यवहार है। पैसा ज़रूरी है। आना चाहिए। वह आता है पर मात्र आवश्यकतानुसार ही। रोटी, दाल की कमी नही होगी। दाल फ्राई, पिज्जा, बर्गर, चाऊमीन, चिकन तंदूरी, मोमोज, पनीर टिक्का, शाही कबाब, हॉट डॉग्स चाहिए और प्रायः रोज ही चाहिए तो अपने जीवन रूपी मोबाइल को डिसआनेस्ट मोड में लाना ही पड़ेगा। सफल लोग घर मे कम बाहर ज्यादा खाते है। घर में खाना ही पड़ा तो एक दो आइटम बाहर से मंगा ही लेते हैं। घर के भोजन में सफाई, सादगी और सच्चाई है। बाहरी में आंडबर और मज़ा। च्वाइस खाने वाले की। देश-विदेश के पर्यटकों से यह वेंडर मिलता्ू हैं।आइसक्रीम सभी खाते और पैसा देते हैं। इनसे उसे पैसे और खुशी दो चीज़ें हासिल होती हैं। एक पंथ दो काज। सदिया असम का आखरी जनपद है, इसके आगे अरुणाचल प्रदेश। अरुणाचल से आगे है चीन। इस पुल ने आवागमन को सुलभ कर दिया है। प्रतिकूल मौसम में नौका चालन कई दिनों तक बाधित हो जाता था। किसान का दूध, फल, सब्जी, अंडा, मछली बर्बाद हो जाता था। अब कभी भी बेरोकटोक आएं-जाएं।

इमरजेंसी में सैनिक विमानों के लिए भी यह सहायक है। चीन अब अच्छे पड़ोसी की स्थिति में आने के लिए बाध्य है। पुल ने स्थानीय लोगों के मनोबल को बढ़ाया है। चीन अब आँख नहीं तरेरता। भारत से पंगा लेने की स्थिति में

चीन नही है। भारतीय सेना उसे पटक-पटक कर मारेगी। सूथिया चीन न घर का रहेगा न घाट का। इस पुल पर यदा-कदा यह भी सुनाई पड़ता है, मोदी ने असंभव को संभव बना दिया। यह पुल एक वरदान है। उनकी इच्छा किसी टी इस्टेट को देखने की थी। चाय पत्तियों की प्रोसेसिंग देखना चाहते थे। चाय बगानों की सुषमा वह देख चुके हैं, सुनने में आता है कि आज भी कुछ टी.इस्टेट पर गोरों का न्यूनाधिक नियंत्रण और स्वामित्व है। चाय बागानों के कर्मचारी सदैव प्रसन्न रहते है। इनका वेतन मान और बोनस संतोष प्रद होता है। ये लोग बाहरी दुनिया से अप्रभावित हैं। और इसीलिए कहते हैं, **"Once in tea always in tea"**।

35. टी गार्डेन की तरह महाराष्ट्र के अमरावती जिले में आज भी **189** किलोमीटर (**117** मील) नैरो गेज रेलवे पर एक ब्रिटिश कंपनी का स्वामित्व है। यह यवतमाल से अचला पुर के बीच चलती है। इसे आज भी शकुंतला एक्सप्रेस के नाम से जाना जाता है। भारत सरकार को प्रतिवर्ष **1** करोड़ **20** लाख रूपये आज भी एक ब्रिटिश कंपनी को लगान के रूप में देना पड़ता है। इस कंपनी ने इस रेल लाइन को विकसित किया था और आज भी मालिकाना हक रखती है। कपास को मुंबई पहुंचाने के लिए गोरों ने इसका निर्माण किया था।

आज भी शकुंतला एक्सप्रेस गुलामी में जकड़ी पटरियों पर फिसल रही है।

वापसी में टेलिंगा मंदिर गए थे, पिछली बार जब पहुंचे थे तो मंदिर का कपाट बंद ही होने वाला था। इस बार रात्रिकालीन आरती हो रही थी। यह भगवान शिव का

प्रसिद्ध मंदिर है। यहां की भाषा में घंटी को टेलिंगा कहा जाता है। सैकड़ों की संख्या में घंटियां टंगी है। तिनकोनिया मोड़, रिट्ज होटल पहुंचे। सवातीन सौ कि.मी. की आने जाने की यह यात्रा सुखद थी। मीलों लंबा सदिया ब्रिज उसके नीचे गुरु गंभीर ब्रह्मनद, ऊपर मुक्त गगन, सामने अरुणाचल प्रदेश और आगे वादियाँ, घाटियां, पर्वत श्रृंखला और उन चट्टानों पर बहादुरी के साथ डटे देश की सुरक्षा में समर्पित स्वाभिमानी सैनिक वेंडर का पुनः आने का अनुरोध स्मरणीय स्मृतियां है।

36. वक्त बीत जाता है पर यादें बनी रहती हैं। वह दिल्ली लौट रहे हैं। त्रिपाठी जी के साथ दिन बीता था। लौटने का मन नहीं करता। ईच्छा यही है कि पैदा यहीं हुए, शरीर की सद्गति भी यहीं हो। "जिस देश जाति में जन्म लिया बलिदान उसी पर हो जायें"।

त्रिपाठी जी नित्य विद्यालय बंद होने पर इसी समय ट्रेन पकड़ते हैं। हर बार कुछ स्टेशनों तक साथ देते हैं। अपना स्टेशन आते ही भावुक हो जाते हैं। एकाधिक बार श्रीमती त्रिपाठी भी मिलने स्टेशन आईं हैं। उनके पुरुषार्थी विद्वान पिता जब पहलीबार यहां प्रधानाचार्य का दायित्व संभालने आए तो उन्हें रिसीव करने शिक्षा जगत के साथ-साथ शहर के संभ्रांत नागरिक भी थे। देश की आज़ादी के लिए लोगों में जुनून था। यह संस्मरण उन्होंने गतवर्ष की डायरी से साभार लिया है। यह लेखन समय बिताने का उपक्रम है या कोरोना काल से दुरभि संधि, यह आनेवाला वक्त बताएगा। अब वर्तमान में लौटते हैं, इति शुभम्.....

**37.** रामकुमार ने सोनीपत से फ़ोन किया है। वह उत्तरप्रदेश, सुल्तानपुर का ग्रामीण है। घरवापसी का निर्णय किया है। कारखाने के मेन गेट पर ताला जड़ दिया गया, शायद अब न खुले, वज़ह है कोरोना। फ़ाकाकशी से बेहतर है घरवापसी। पत्नी सुमित्रा भी यही चाहती है।

दिसम्बर 2010 की एक सर्द शाम थी।

एक व्यक्ति पैंट पर पैंट, शर्ट पर शर्ट, फटा कोट पहने, गले में मफलर लपेटे पहुंचा। हैट भी था जिसमें मोर पंख खोंसा हुआ था। मिलाजुलाकर एक डरावनी सूरत थी। यह हुलिया है, तबके श्री राम कुमार **B. Com.** का।

अथ श्री राम कुमार उवाच.... "अगर आप कहें तो मैं बरगद के पेड़ के नीचे रात गुज़ार लूं। फुटपाथ से पुलिस भगा देती है। यहां अच्छा है। आप दया करे, मै बेघर हूं "। सोचने लगे, कैसा बेबाक बोल रहा है। ठीक है, पेड़ के नीचे नहीं, बारामदे में निश्चिन्त होकर सो जायँ, सवेरे उठकर चले जांयेंगे। मुझे कहना न पड़े। मै ज्यादा परोपकारी व्यक्ति नहीं हूं। भोजन के समय रोटी दाल आपको भी मिलेगी। जी, सवेरे चला जाऊँगा।

सवेरे वह चले तो गए पर शाम को पुनः आकर गिड़गड़ाने लगे। उन्होंने उसे सबक सिखाने की ठान ली। ठीक है, आ ही गये हैं तो रुकें, सवेरे जायेंगे और लौटकर नहीं आयेंगे। बोलिये मंजूर है? जी मंजूर है। वह देखिए बाथरूम, स्नान करें, कपड़े बदलें। ऐसा नहीं करेंगे तो, नो इण्ट्री। यह तौलिया और लाइफबॉय आपके लिए है। उन्होंने पंडित जी को भेजा। वह गीजर आन करके गरम पानी दिए। सर्दी कड़ाके की थी पर रामकुमार को यह कर्मकांड करना

ही पड़ा। जबतक आते उनका कबाड़ फेंक दिया गया। पहनने के वस्त्र दिए गए। कल की तरह आज भी उन्हें भोजन मिला। रामकुमार से उनका पर्टिकुलर लिया गया। बचपन से ननिहाल में थे। वहीं से बी0काम तक की पढ़ाई की। पुत्रहीन नानाजी ने उन्हें वारिस घोषित कर रखा था। आठवीं में थे तभी पति पद पर प्रतिष्ठित कर दिये गये। तबतक, कागजी कार्यवाही न हो पाई थी। एक रात्रि नानाजी सोये, नहीं उठे तो उन्हें स्वर्गवासी मान लिया गया। नानाजी के पट्टीदारों ने इन्हें ससम्मान घर वापसी करा दी। घर आये तो भाई ने धक्का मार भगाया। न घर के रहे न घाट के। पत्नी अपने मायके पधारी। किस्मत आजमाने दिल्ली आये। यहाँ जेब हल्की होगई पाकेटमार के हाथ की सफ़ाई के हुनर का शिकार हो गये थे। भटकते भटकते यहाँ आये थे। एक साल से फुटपाथिए थे। प्रयास करके सोनीपत के एक कारखाने में उन्हें नौकरी दिला दी गई। स्थिति बदली। एक दिन सुपरवाइजर बन गए।

38. 2014 की मई का प्रथम सप्ताह, समय दोपहर और आसमान में सूर्य नारायण प्रचण्ड ज्वलंत। डोरबेल का बजना अच्छा नहीं लगा। भयंकर गर्मी में भी लोग आ जा रहे हैं। देखा तो सफ़ारी सूट में एक युवक हाथ जोड़े खड़ा था। गुरूजी, आप पहचाने नहीं क्या? मै आपका राम कुमार हूं। आश्चर्य ! किंतु सत्य वह राम कुमार ही थे। वह अब व्यवस्थित थे। सूरत और सीरत दोनों में आदर्श। नौकरी मिलने के बाद जब वह मिलने आये तो उन्होंने उसे सपत्नीक रहने के लिए कहा। उन्होंने ऐसा ही किया बाद में जब वह आया, पहले से ज्यादा संयत और शालीन था। ऐसा क्यों न हो, पत्नी की गोद में दो महीने की एक फूल

सी बेटी जो थी। पति मुस्कुरा रहे थे, पत्नी, बेटी गोदी में संभाले सर झुकाये बैठी थी। सुमित्रा ने आग्रह किया, आप इसे एक अच्छा सा नाम दें। पहले चाय पीते हैं फिर नामकरण तो भगवत् कृपा है। इसे दृष्टि कहकर प्रेम से पुकारना। रामकुमार जो गिफ्ट लाया था, उन्हें स्वीकार था। जब वे जाने लगे, उन्हें सबकुछ वापस करके विदा किया। एक सेव जरूर रखा और कागज़ी गाँधीजी को लौटा दिया। गाँधीजी दिल की चीज़ हैं, दिमाग की वस्तु नहीं, और पाकेट मे भला टिकेंगे क्या। गाँधी जी परम आदरणीय हैं शत प्रतिशत, पर, शत प्रतिशत अनुकरणीय नहीं। वह घर वापसी करने वाला है। इसमें बुरा क्या है। उसके पास ढाई लाख नकद है। अब वह जैसा चाहे जहां चाहे रहे। दोनों खुश हैं। दोनों के जीवन में एक दृष्टि भी है। दृष्टि नाम उन्हें बहुत अच्छा लगा। एक दम्पति को जीवन में अच्छी दृष्टि मिल जाए तो, बहुत है यही है इति सुखम्।

39. वह निश्चिन्त रहना चाहते हैं, पर रहें कैसे। अनावश्यक चीजों ने घर मे डेरा जमा रखा है। कबाड़ी वाले मियां जी कई दिनों से आ नहीं रहे हैं। शफ़ीक मियां मेहनती और खुशमिजाज हैं। इनका कारोबार बुलंद है। एकबार इन्हें शौक चर्राया कि राशन की दुकान की जाय। टेंडर इनके नाम निकला, सेक्यूरिटी की रकम भरी और दूकान हासिल की। शफ़ीक ने समझा लाटरी हाथ लग गयी पर संभाल नहीं पाये और हाथ खड़े कर दिए।° इंसपेक्टर से तालमेल बैठा नहीं पाए और दुकान खाली करनी पड़ी। जितना चाहिए उससे कई गुना ज्यादा मिलता और कहा जाता इसे बेंचों चाहे जैसे और जहां बेंचों और इस की रकम लाओ। तुम्हे

इस की कमीशन मिलेगी। यह खटराग इन्हें रास नहीं आया, तोबा कर ली।

**40.** एक सुंदर और टिकाऊ वार्डरोब के लिए शफ़ीक से कहा। वह क्रय विक्रय करते रहते हैं। वैसा वार्डरोब वह एकदिन लाए। खूबसूरत, हकीकत में सेकेंड हैण्ड। कीमत महज़ तीन हजार रूपये। यह उन्होंने एक मुस्लिम महिला से ख़रीदा था। तीन खानों में से एक बंद था और चाभी नदारद। चाभी बनवा लेंगे ऐसा सोचकर निश्चिन्त होगए। दो से काम ठीक ठाक चल रहा था। एक दिन घूम घूम कर चाभी बनाने वाला एक किशोर सामने से गुज़र रहा था। उससे चाभी बनवा कर बंद खाने को खोले तो आंखे खुली की खुली रह गईं। इसमें लेडीज सूट के कपड़े साड़ियां दुपट्टे, नाक कान के आभूषण और अन्य चीजें थीं। उन्हें वैसे ही रख दिया गया। एक दिन शफ़ीक मियां आये, उन्हें सौंप दिया गया। महिला अपनी सास पर खफा थीं। सास बहू में छत्तीस का आंकड़ा था। सास ने सामान निकाल कर चाभी फेंक दी है यही बहू की सोच थी। शफ़ीक मियां भी हैरान थे और मोहतरमा की आंखोंमें आंसू आ गये अपना खोया सामान पाकर। मुस्लिम महिला थीं और अपने हिन्दू भाई को उन्होंने बहुत बहुत शुक्रिया कहा, आभार माना। अब इंतज़ार कर रहे हैं, शफ़ीक मियां आयें और घर की रद्दी से निजात मिले।

**41.** शाम की चाय, चार का समय, पंडित जी किचन में व्यस्त। अच्छी वेषभूषा में, लगभग **30** वर्षीय युवक ने मुह खोला। बाबा जी आप से कुछ कहना है, पर कुछ शरम लग रही है। पहले मुह से मास्क हटाओ, देखूं भला हो तुम कौन।

बोला, घरवाली को जबरदस्त ब्लीडिंग हो रही है, डाक्टर को दिखाना है, अगर दो हजार की मदद कर दें तो उसके प्राण बच सकते हैं।मास्क उसनें हटाया, पर कुछ ढीठ लगा।पीछे हटकर बात करो। आयुष पासमें खड़ा था। पुत्र आयुष, इसके घर जाकर देखो, बात क्या है। गली नंबर दस में अपना घर बता रहा है। आयुष, डी0 यू0 का छात्र है। आयुष जाने लगा तो वह भी उसके पीछे लग गया। पत्नी घर में गुमसुम पर स्वस्थ बैठी मिली। उसने कहा, मैं ठीक हूं ये शराबी हैं। आज कई दिनों बाद आये हैं, मेरा हाड़ मांस नोचकर गायब हो जाते हैं। भीख मांगना शराब पीना इनका काम है। तब तक मकान मालिक भी आ गया था और आते ही उसने इनकी जूतों से डटकर खातिरदारी की।धूर्त आदमी साल भर का किराया कौन देगा। आयुष ने यह सब बताया। हमारी चाय का सारा मज़ा किरकिरा हो गया था।

डाइनिंग टेबल पर दही का पैकेट झक मार रहा था क्यों नहीं फ्रिज में रखा गया। आप जानते हैं मैं दोपहर में रायता लेता हूँ, यह उसके काम आता। यह आप के लिए अखाद्य है। कहीं से आया है। आप बाहर का कुछ लेते नहीं। कोई मरे या जिये, आप बाहर की चीज छूते नहीं। मिशराइन के किसी जानने वाले की मृत्यु हो गई है वहीं से आया था। सब गाय को खिला दिया, दही गल्ती से रह गया। इसे बाहर निकाल फेंकिये। मूड ख़राब उस शराबी ने किया था और नाहक पंडित जी पर वह बरस पड़े थे।धत् तेरे की.... इस ज़िन्दगी में जीना मरना दोनों दुश्वार है।

42. एक शिक्षक पड़ोसी हैं। बस्ती जिले के अगौना गाँव के हैं। अगौना का नाम सुनकर बहुत प्रसन्नता हुई। स्पष्टतः वर्ष

**1963** का मई महीना था। वह अपने ननिहाल से बस्ती जिले के किसी गाँव जारहे थे। धूल धूसरित रास्तों से होकर जाना था। अन्ततः अपने गंतव्य पहुँच ही गये। लौटना इन्ही रास्तों से था। तीव्रगति से गये थे पर लौटते वक्त बेफ़िक्री थी। तब नज़र नाक की सीध मे थी अब सर्वत्र घूम रही थी। धूल भरे रास्ते वाली पगडंडी किनारे एक हवेलीनुमा घर पर लिखा था पंडित रामचंद्र शुक्ल।

बताया गया पुण्य श्लोक आलोचक प्रवर का जन्म यहीं हुआ था। उन जैसे अकिंचन का यह कोई प्रारब्ध का पुण्य फल होगा। अब फिर कभी अगौना जाना होगा कि नहीं, पता नहीं। यायावर को अनजान जगह में घूमते हुए एक और ऐसीही उपलब्धि हो चुकी है। रामेश्वरम से धनुषकोटि जा रहे थे। आटो मे दो सहयात्री भी थे एक जगह आटो चालक ने गाड़ी रोककर कहा, अच्छी जगह है, आपलोग चाय पीलें। यहाँ से चलेगे तो सीधे धनुषकोटि ही रुकेंगे। दोनों सहयात्री उतरे, पर आने में उन्होंने देर लगा दी। ये बैठे-बैठे उकता गए। ड्राइवर और दोनों सहयात्री आसपास दिखे नहीं। झल्लाए उतरे सामने हरे रंग की जीर्णशीर्ण दीवार की ईबारत ने आकर्षित किया, लिखा था, **house of President Abdul Kalam.** धनुकोटि तीर्थाटन पर निकले थे और बीच मे इस घर का एक सुखद संयोग है। आवाज लगाने पर जो वृद्ध जन आये वह मंहामहिम राष्ट्रपति जी के सगे भाई थे। हमारे महान भारत देश के महानतम् राष्ट्रपति की जन्मस्थली किसी तीर्थ से कम नहीं है ऋषितुल्य राष्ट्रपति कलाम साहब ज़िंदाबाद। आप हर दिल में आबाद हैं, आबाद रहेंगे।

ऐसी ही एक अप्रत्याशित मुलाकात कईवर्ष पूर्व उनकी बड़क से हुई थी। उसे बड़क कहकर बुलाते हैं, वास्तविक नाम से अपरिचित है, यद्यपि ऐसा होना नहीं चाहिए।जूनागढ़ से भगवान् सोमनाथ का दर्शन करके लौट रहे थे। रात्रि थी, और ट्रेन एक जगह लगभग **40** मिनट तक रुकी रही। मन उकता गया तो वह नीचे उतरे। सन्नाटा पसरा था और स्टेशन का नाम पढ़कर रोमांचित हुए। देश का बच्चा बच्चा गोधरासे परिचित है। यहाँ जो हुआ था वह घोर निंदनीय है और उसके विस्तार मे जाने से कष्ट होता है। उसी समय मोबाइल महशय झंकृत हुए। वक्ता भोजपुरी में संबोधित कर रहे थे। उनकी ईच्छा हुई कि बड़े चाचा जी से से बात की जाय। बात करके खुश हुए थे। उस समय रात्रि के दो बजे थे। बड़क साधुवाद के पात्र हैं।

इस समय कोरोना का भूत घूम रहा है। घर के घर साफ। कुछ लोग अपनी गंदी मानसिकता से देश की छवि बिगाड़ रहे हैं। सारी दुनिया भारत की ईच्छाशक्ति की भूरि भूरि प्रशंसक हो चुकी है। मित्र देशों को दवा भेजकर भारत ने मानवता का आदर्श स्थापित किया है। ब्राजिलियन राष्ट्र पति ने भारत का आभार व्यक्त करते हुए इसे श्री हनुमान जी द्वारा लाई हुई संजीवनी कहा है। सभी राज्य सरकारें जी जान से लोगों की प्राण रक्षा कर रही हैं। उत्तर प्रदेश के मुख्यमंत्री विदेशों में भी चर्चित हुए हैं।

43. 13 मई एक नामुराद दिन साबित हुई। गर्मी परेशानी का सबब बनी हुई थी। अगरतला से विजय प्रताप मिश्र का फोन आया। वह माँ त्रिपुर सुंदरी का दर्शन कर रहे थे। क्या कर रहे हैं ? कुछ भी तो नहीं.. तो राम राम का जप करें, यह तारक मंत्र है। कुछ ही निमिष बीते होंगे तभी प्रिय

भ्रातृज्य गौरव का फोन आया। ताऊजी अभी अभी आपके भाई, मेरे पिता जी का हृदयगति रुकने से स्वर्गवास हो गया है। आप प्रथम व्यक्ति हैं जिन्हें सूचित कर रहा हूं। इसके बाद जो हुआ वह मर्माहत है, पीड़ा दायी है, लिखा नहीं जा पायेगा। आज नवंबर की 17 तारीख है, वह ख़ुद को अभी तक आंसुओं से नहला रहे हैं। असहाय हैं, भाई के लिये कौन सा आदरसूचक शब्द लायें। गणितीय व्यवस्था में नौ वर्ष छोटे थे। ये तो संख्याओं का परमुटेशन कम्बिनेशन है। उनका महान व्यक्तित्व नित्य प्रणम्य हैं। "सत्यम माता, पिता ज्ञानं धर्मो भ्राता, दया सखा। शांति:पत्नी, क्षमा पुत्र:, षडेते मम बांधवा:।। भाई धर्म है और उनका धर्मात्मा भाई हृदयस्थ है, अजर है, अमर है, अक्षुण्ण है।

44. जीवित प्रमाण पत्र खुद-ब-खुद देने बलिया ट्रेज़री गये और वहीं गाँव का शिवमंगल मिला। उसने श्रीराम दुबे के राम नाम सत्य होने की सूचना दी। गाँव के नाते वह भ्रातृज्य थे। वह याद तो आए पर कुछ खीझ के साथ। किसान के जीवन में उन दिनों बैलों का महत्व था। थ्रेशिंग बैल करते थे, थ्रेशर तो बाद में तशरीफ लाए। बात 1952 की है। अपने दोनों बैलों से पिताजी ने कहा था कि, अब आप लोग विश्राम करेंगे कहीं और नहीं भेजूंगा। कई लोगों की थ्रेशिंग में आप मददगार थे, अब घर - दरवाजे को सुशोभित कीजिये। पिताजी अपने बैलों की भाव भंगिमा समझते थे और वे भी उनकी बात ज़रूर समझते होंगे। ये दोनों बैल कुछ ऐसे ही थे जैसे मुंशी प्रेमचंद की कथा के दोनों बैल हीरा, मोती। जब हलवाहा कहता आज कहरइल हल जायेगा और गोड़ (पैरा) टांठ (मजबूत) चाहीं (चाहिए) तो वह समझ जाते। श्रीरामदुबे मारजिनल किसान थे। उनकी थ्रेशिंग होनी

थी। उनके पास बैलों की कमी थी और बैलों के जोगाड़ में वह घर घर चक्कर काट रहे थे। बैल मागने वह पिता जी के पास आए जरूर पर अस्वीकृत कर दिए गयें। पिताजी अपने बैलों से वचन बद्ध थे, क्या करते। बेचारे बैरंग लौटे। अगले वर्ष दंवरी प्रारंभ थी और बैल मेह के ईर्दगिर्द घूम रहे थे। यह मेंह (Axis) श्री राम दुबे का था। जहां से हलवाहा श्री मुखलाल इसे लाया था उसे पता नहीं था कि किसका है। जब उन्हें पता चला तो कुछ बोले नहीं पर कुनमुनाए जरूर और उनके कुनमुनाने को याद करके ही खीझ रहे हैं। ईश्वर उनकी आत्मा को सद्गति प्रदान करें वह बहुत दूर जा चुके हैं।

ट्रेजरी कर्मचारी कार्यभार से दबे रहते हैं।पेंशनर उकसाते रहते हैं और ये धैर्यवान बने रहते हैं। श्री विवेक सिंह, क्लार्क हैं, उन्होंने मदद की। उन्हें साधुवाद। ई रिक्शा जिंदाबाद। गाँव भी हो आये। रिक्शा कभी रेंगता कभी, सरकता, कभी दौड़ता भागता, सब कुछ सड़क की सेहत के हिसाब से। ई रिक्शा से सफ़र डिस्कवरी आफ़ इण्डिया जैसी है। रिक्शा बढ़ता रहता है, हिंदुस्तान नज़दीक आने लगता है। हिंदुस्तान सारा का सारा अपना है पर बलिया से छितौनी तक का भू भाग कुछ अपना विशेष की हैसियत रखता है। इसका रुतबा अलग है, इसका मर्तबा ख़ास है। ऐसा इसलिए कि छितौनी उनके पूर्वजों की जन्मस्थली, पुरुखो का आशियाना है और आज भी उनके कृतज्ञ वंशज फल फूल रहे हैं।अंततः वह छितौनी पहुंचे और घर की दहलीज पर श्रद्धावनत हुए। गाँव के बिना भारत का भूगोल अधूरा है। उन्हें याद है जब वह पहली बार काहिरा गये थे,, उस दिन मौसम ख़ुश्क था और नीम गर्मी बुरी नहीं

थी। हवा बदन को सहला ज़रूर रही थी पर इसमें काहिरा की सड़कों की धूल कण भी थे। इन धूलिकणों ने उन्हें अपने गाँव छितौनी का स्मरण करा दिया।हृदय के बाहरी पटल को एक महीन झिल्ली (Membrane) घेरे रहती है। उनके गाँव की धूलि के मनोरम कणों ने उस झिल्ली को आवेष्ठित कर रखा है। आश्चर्य कुछ भी नही, मनुष्य एक विचार मात्र ही तो है और इस समय जो विचार आ रहा है स्वागत योग्य है। लौटते वक्त सोनौली प्राइमरी स्कूल को देखने के लोभ का संवरण न कर सके। श्री बीरबल यादव काआग्रह मानकर अच्छा ही किया था। स्वच्छता ईश्वर की देन है और परिसर अति प्रशंसनीय है। दीवारों पर बच्चों द्वारा रचित भित्ति चित्र अध्यापक द्वय और बच्चों की कलात्मकता को बता रहे थे। क्यारियों में खिले सुंदर फूल और थे फूलों जैसे पढ़ने वाले अनुशासित बच्चे इन पर सरस्वती माँ सदैव कृपालु बनी रहे। प्रधानाध्यापक श्री बीरबल यादव स्थानीय हैं और बच्चों के अभिभावकों से परिचित भी। बच्चों के सर्वांगीण विकास में अध्यापक और अभिभावक का योगदान महत्वपूर्ण है, बीरबल यादव बता रहे थे। सहायक अध्यापक श्री अभिषेक यादव अन्य जनपद से हैं पर अपने सद् व्यवहार से यहाँ के वातावरण में घुलमिल गए हैं। सोनौली आने पर उन्हें याद आया बद्री। घर से जब वह कुलांचे भरते हुए सवेरे सहतवार स्टेशन 6:23 वाली ट्रेन पकड़ने जाते होते तो आते जाते बद्री दिख पड़ता था। वह बांसुरी बजाता रहता और हरेराम हरेकृष्ण गाता रहता। बद्री प्रज्ञाचक्षु था। वह भी क्या दिन थे। हरे राम हरे कृष्ण.....

कोरोना के आतंक मे कुछ कमी आई है। शैतान को जड़ मूल से उखाड़ फेंकने मे समय लग रहा है। मास्क, हाइजीन और सैनिटेशन मे लापरवाही होने लगी है, और यह ठीक नहीं है। कोरोना ने उनके कई परिचितों को, अपना ग्रास बनाया है। देखते-देखते कई चले गए। घर के घर और बस्तियाँ उजड़ गईं। वर्तमान, इतिहास बनता जा रहा है।

मरने से कौन डरता है.पर बैग में लपेट कर, भट्ठियों मे झोंक कर किसी को मरना पड़े यह ठीक नहीं। यह डेड बाडी का अपमान है। कोरोना का आतंक कम हो चुका है। प्रारंभिक दौर मे लोग मोबाइल से भी दूरी रखने लगे थे। खिड़की, दरवाजे को छूने से परहेज करते थे। नाक, मुह, कान, कंधे से हाथ दूर रखते थे।

कुछ समय पूर्व उन्हें देखकर एक सज्जन आश्चर्यवत् पूछ बैठे, मैं क्या देख रहा हूं। आप तो अभी जीवित हैं, खुश हुए थे। संपर्क के अभाव में मृत घोषित हो चुके थे। हाल के दिनों में बहुत अस्वस्थ थे पर कोरोना से नहीं, छोटी-मोटी टूट-फूट और दुर्घटना की वजह से। परिचित - अपरिचित जो भी मरे अपूरणीय क्षति है।

कोरोना से वह मरे नही पर इसने कोई कसर नहीं छोड़ी। अगर जीना है तो गुनगुना पानी पीना है। ठंढा पानी, शीतल पेय, मिट्टी के कुल्हड़ मे मिलने वाली वह मीठी लस्सी, प्यारी प्यारी खट्टी मीठी शिकंजी और फतेहपुरी का वह प्यारा -प्यारा फ़लूदा अब शायद ऊपर जाकर ही मिले। सारी अच्छी चीजें निरर्थक घोषित हो गई हैं। जिंदगी किसी कंसंट्रेशन कैप की गिरफ्त में है।

कोरोना की ऐसी की तैसी। हरामजादे ने फ़िज़ाओं में ज़हर घोल रखा है। समाज में इसने एकजुटता जरूर ला दी है। अब मृत्यु एक सामान्य घटना है। लोग अब ज्यादा न रोते हैं न नाक गारते हैं। दिल्ली में कोरोना के हालात बेहतर हो रहे हैं। कोई मौत दर्ज नही हो रही है। इस, समय दिल्ली में कोरोना की स्थिति बहुत बेहतर है। दिल्ली के सबसे बड़े कोविड सेंटर L. N. J. P. Hospital में एक भी संक्रमित मरीज नहीं है। इस अस्पताल में मार्च 2020 के पश्चात पहली बार ऐसा हुआ है कि एक भी रोगी नहीं है। दिल्ली में इस समय 10313 बेड्स आरक्षित है और मात्र 90 मरीज ही भर्ती हैं, वेंटिलेटर पर कोई नहीं। यही हाल एम्स का है। सबसे ज्यादा मरीज लेडी हार्डिंग अस्पताल में है जहां 23 मरीज भर्ती हैं और वेंटिलेटर पर कोई नहीं। यह आज की 18 मार्च 2022 होली के दिन की रिपोर्ट है, पर खतरा टला नहीं है। यूरोप और दक्षिण-पूर्व एशिया में यह फिर लौटने लगा है। उनके प्रवासकालीन प्रिय शहर हांगकांग में 2019 में इंफेक्शन फैलने healer के बाद से अबतक लगभग 6000 मौतें हो चुकी हैं। मृत्यु कहीं भी हो दुखद है। विश्व स्वास्थ्य संगठन मानव मृत्यु का रोना तो रो रहा है और इसकी रोकथाम के लिए अथक प्रशंसनीय प्रयास कर रहा है पर पशु पक्षियों की सुधि कम ही ली जा रही है, क्या प्रबुद्ध विश्व समुदाय को इनकी अनदेखी करनी चाहिए।

बहुत दिनों बाद उनका प्रिय मोची विक्रम सिंह तशरीफ लाया था। मृदुभाषी और मिलनसार है। राजस्थानी है और राजस्थान का स्वाभिमान उसके भाल पर जगमग देख सकते हैं। दिल्ली में चलते-फिरते ऐसे पुरुषार्थी मोची अनेक हैं। घूम फिर कर रोजी रोटी कमाते, सेवाभावी लोग हैं।

विक्रम सिंह को पता है, बाबा जी के ज़ूते चप्पल कहाँ विराजते हैं। वह चुप चाप लाकर उनकी देखभाल कर डालता है। वह रहें न रहें विक्रम सिंह अपने स्वधर्म का पालन करता है। जो मिला उतने से गदगद। मजदूरी भगवान का चरणामृत मानता है। ईश्वर की कृपा से वह वंचित नहीं हैं। गंगा ऐसे ही कठौती में नहीं आ जाती। विक्रम सिंह में उन्हें संत रैदास दिखते हैं। उससे आत्मीयता है। उसकी एक प्यारी बेटी है गायत्री। उन्होंने कहा है, गायत्री को शिक्षित करना। पुत्र विक्रम ! तुम सामाजिक समरसता की कड़ी हो, निर्मल मन हो।

इस समय उनके पास 3 जोड़ी जूते और 2 जोड़ी चप्पल है। विक्रम सिंह ही इन्हें संभालते हैं। उन्हें अपने चमकते पदत्राणों को देख कर खुशी होती है और मस्तक इस सेवाभावी के पुरुषार्थ को नमन करता है।

यदाकदा कुछ फल या मिठाई देकर कहते हैं, ये गायत्री बिटिया रानी के लिए है। इसे मत चट कर जाना। वह हंसने लगता है, ऐसा कभी नहीं होगा बाबा जी, आप विश्वास करें, पर उसे कौन समझाए। घर में कुछ आता है तो कहती है इसे पापाजी के लिए रखा भी है या नहीं। मैं उसकी इस आदत से दुखी हो जाता हूँ।

इस सच्चाई से बाबा जी भी वाकिफ़ हैं। बेटियां ही बाप का ख़याल रखती हैं। मन बहलाने के लिए बेटे का श्रवण कुमार नाम रखने में कोई हर्ज नहीं। वह घर धन्य है जहां बेटियां हैं। कदाचित बेटा बाप को अंगूठा दिखा सकता है पर बेटियां हरगिज़ पिता के मस्तक को झुकने नहीं देतीं।

पैतृक गांव छितौनी के फरसाटार टोला के मुनी चमार की उन्हें याद आई। वह निपुण चर्मकार था। उसके द्वारा निर्मित जूते सबको नसीब नहीं थे। एक बार जूता कलेक्ट करने उन्हें मुनी के यहां भेजा गया। जूता बनकर तैयार था। कीमत दो रूपये मात्र। दो रूपये तब मायने रखते थे। उसने कहा कि कोई और होता तो वह चार, आठ आने और लेता पर काका जी से इतना ही। मुनी उनके पिता जी को काका जी कहता था। यह जूता पिता जी के अध्यापक पंडित श्री सीताराम दुबे के लिए था। सन् 1952 में उनके पैतृक गांव के चर्मकार श्री मुनी के शिल्प की यही कीमत थी। न कम न ज्यादा बस जायज।

चर्मकार बिरादरी की बात दो पंक्तियों में यूँ समेटते हैं: मुनी के छोटे भाई अमावस को बेवकूफ़ बना कर नसबंदी के लिए ले जा रहे थे। यह अभी की बात है, संजय गाँधी का आतंकी नसबंदी अभियान उफ़ान पर था। जबरन, धरपकड़ कर, मनुष्यों की बधिया की जा रही थी। उसे जब संदेह हुआ बीच रास्ते से भड़क कर भागा और बधिया होने से बचा।

इनमें एक ऐसा भी था जिसपर अजगर करे न चाकरी, पंछी करे न काम, दास मलूका कह गए सबका दाता राम, सही चरितार्थ होता है। जब उसका मन करता देशाटन पर निकल पड़ता। ब्रिटिश कालीन **O. T. R.** (अवध तिरहुत रेल्वे) ट्रेने थीं। अब **N. E. R.** कहते हैं। उसकी पीठ पर मोटरी, सिर पर गठरी, शायद ही किसी ने देखा हो। वह शांत बैठा रहता।

श्री सूकठ चमार पर लिखे बिना यह आलेख बेमानी है। वह दोमट जमीन में अच्छा हल चलाता था पर करइल

(काली.. किंचित कर्कश और कठोर) से बचता था। एक बार आपातकालीन स्थिति में उनके पिता जी को सूकठ को एक दिन के लिए हायर करना पड़ा। मना नहीं कर सका। कोई और होता तो मना कर देता। हल करइल में जाना था। करइल के खेत समीपस्थ बलीपुर गाँव में पड़ते थे। उन दिनों बलीपुर प्राय: निरक्षर भट्टाचार्यो की बस्ती हुआ करतीं थी। प्रगति का श्रीगणेशअब इस गाँव में हो चुका है। लोग संपन्न हैं। मोबाइल से बतियाते भी हैं और अखबार बांच भी लेते हैं।

सूकठ जूता पहन कर ही हल चलाता था। उसकी वृद्धावस्था कष्ट प्रद थी। लगभग एकाकी रह गया था, यद्यपि तीन बेटे और बहुएं थीं। ये ढाक के तीन पात साबित हुए। बेटे जबतक ग्रामीण थे ठीक थे। बड़ा बेटा कलकत्ता गया उसे बंगाल की मछली और मछली तलने वाली ने रोक लिया, दूसरे का उन्हें कुछ पता नहीं। तीसरे ने कहीं और बसेरा बना लिया। उनके पिता जी का आदेश था कि जबतक वह जीवित है उसे इस घर से भोजन बनाकर पहुंचाया जाएगा। नित्य की तरह एक दिन उनकी बेटी भोजन लिए पहुँची। सूकठ महाशय उस समय चारपाई पर पड़े-पड़े कराह रहे थे और उनकी थाली जूठी पड़ी थी। उस बच्ची ने थाली साफ़ की, भोजन कराया और घर आई। बाबा जी को पता चला तो अपनी प्रिय पौत्री को भरपूर आशीर्वाद दिया। सूकठ चारपाई पर पड़े पड़े बड बड़ा रहा था, हे विष्णु ! कैसा अनर्थ हो रहा है। चमार की जूठी थाली बांभन की बेटी धो रही है, और मुझे देखना पड़ रहा है। हे विष्ण मै मरा क्यों नहीं।.इन पंक्तियों को लिखते समय वह शास्त्रकारो के कथन को स्मरण करते हैं चर्मकारेभ्यो नम:।

कोरोना का शुरुआती दौर अति भयावह था। प्रधानमंत्री मोदी का मैजिक तत्काल काम करने लगा। उन्होंने जो कहा सबने पालन किया। थाली बजवाई, ताली बजवाई, मास्क पहनवाया, हाथ सारे दिन धुलवाते रहे। यह सब नियमित होने लगा। मोदी मैजिक बदस्तूर चालू है पर लोग न्यूनाधिक लापरवाह भी होने लगे हैं संकटापन्न स्थिति में कुछ विघ्न संतोषी उलाहना और उपालंभ में मशगूल थे। शुरू में कुछ बबुआ टाइप फ्रस्ट्रेटेड राजकुमारों ने देश के साथ कंधे से कंधा मिलाकर चलने की बजाय अकेले कुनमुनाते रहे और औंधे मुह गिरे भी। ये मनुष्यों की वह प्रजाति है जिसे बोलचाल की भाषा में सूथिया और बकलोल कहते हैं। इन्हें राष्ट्र का अपमान करने के लिए भरपूर वजीफ़ा मिलता है। औसतन महीना डेढ़ महीना यहाँ रहेंगे, पिज़्ज़ा बरगर खाने कहीं और जाएंगे। इनकी नींद विदेशी बिस्तरों पर ही पूरी होती है। इन के अलावा जयचंद की नयी प्रजाति फंफूदवत् प्रस्तरित हो रही है और लोग कनकनहिया कुमारों को कुजाति बताते हैं। ये बकैती ऐसे करते हैं जैसे इनके मुह में बवासीर हो।

भारत की देखादेखी ब्रिटेन के प्रधानमंत्री को लोगों ने वह सबकुछ करते देखा जो भारतवासी कोरोना को दुरदुराने के लिए कर रहे थे। आस्ट्रेलिया की जनसंख्या मात्र **2.57** करोड़ है। वहां के माननीय सांसद श्री कैग केली ने उत्तर प्रदेश के मुख्यमंत्री की भूरि-भूरि प्रशंसा की है। वे कहते हैं कि यू. पी. की जनसंख्या **230** मिलियन है और योगी जी ने नये डेल्टा वैरिएंट पर लगाम कस दिया है। उन्हें आश्चर्य हुआ था कि कैसे यू0पी0 मे यह मैनेज हुआ जबकि उसी अवधि में यू. के. में दैनिक केस **20** हजार **479** था। विश्व

स्वास्थ्य संगठन ने भी भारत के प्रयासों की सराहना की है। अनेक देशों में भारत ने वैक्सीन भेजकर विनम्रतापूर्वक अपना योगदान किया है। ब्राजील की आबादी **21.26** करोड़ है। कोरोना ने वहां बड़ा कहर बरपा रखा था औरसंकट की उस घड़ी में भारत सरकार ने वहां वैक्सीन भेजकर अपना मानव धर्म निभाया। राष्ट्रपति श्री जेयर बोल्सेनारो की पहली प्रतिक्रिया थी कि हनुमान जी संजीवनी बूटी लेकर ब्राजील आए हैं। आज भारत में बनी वैक्सीन सारी दुनिया में ली जा रही है। वैश्विक पटल पर भारत छा गया।

अब इन्हें कौन समझाए। वक्त इनके रोग का शमन करेगा।

**Time is the best healer.**

रमेश चंद्र द्विवेदी

**09.04.2022**

www.ingramcontent.com/pod-product-compliance
Lightning Source LLC
Chambersburg PA
CBHW061356140726

47997CB00003B/1239